쉽게 배우는 코퍼스 영어학

정채관

쉽게 배우는
코퍼스 영어학
English Corpus Linguistics

정채관

INU 국립인천대학교 출판부

머리말

언어란 우리가 세상을 인식하고 사유를 정립하며, 나아가 타인과 마음을 나누는 가장 본질적인 길입니다. 우리는 날마다 언어라는 그릇에 세계를 담아내고 관계를 맺으며, 그 과정에서 삶의 무수한 의미들을 길어 올립니다. 언어는 공기처럼 우리 곁에 늘 존재하기에 그 소중함을 잊기 쉬우나, 사실 인간의 사고와 문화, 삶의 섬세한 결을 고스란히 비추는 거울과도 같습니다.

우리에게는 외국어인 영어가 실제 삶의 현장에서 어떻게 쓰이고 변모하는지를 체계적으로 살피는 일은 결코 쉬운 과업이 아니었습니다. 오랜 시간 영어 연구는 연구자의 직관이나 단편적인 예문들에 의존해 온 측면이 없지 않습니다. 이러한 방식이 언어 현상을 이해하는 귀한 초석이 된 것은 분명하지만, 사회적 변화 속에서 역동적으로 살아 움직이는 실제 영어의 다양성을 온전히 담아내기에는 아쉬움이 따랐던 것도 사실입니다.

이러한 학문적 갈증을 해소하고 새로운 지평을 열어준 것이 바로 '코퍼스 영어학(English corpus linguistics)'입니다. 20세기 후반 정보 기술의 비약적인 발전과 궤를 같이하며 등장한 코퍼스 영어학은, 방대한 실제 언어 자료를 실증적으로 분석함으로써 영어의 참모습을 객관적으로 밝혀내는 학문입니다. 이는 영어를 단순히 추상적인 규칙의 나열로 보던 전통적인 시각에서 벗어나, 구체적인 맥락 속에서 생동하는 '언어의 현실'을 마주하게 해줍니다.

한 권의 책이 온전한 모습을 갖추어 세상에 나오기까지, 참으로 많은 분의 귀한 도움과 격려가 있었습니다. 먼저 저의 학문적 근간이 된 박사학위논문을 세심히 지도해 주신 Sue Wharton 교수님과 Steve Mann 교수님께 깊은 감사를 올립니다. 아울러 논문의 갈무리를 도와주신 Susan Hunston 교수님과 Malcolm MacDonald 교수님께도 고마운 마음을 전합니다. 서툰 연구자의 거친 질문에도 성심껏 답해 주셨던 Mike Scott, Hilary Nesi, John Swales 교수님, 학문의 길 위에서 따뜻한 자극과 조언을 아끼지 않으신 Laurence Anthony, Douglas Biber, Elena Tognini-Bonelli, John Flowerdew, Lynn Flowerdew, Ken Hyland, Chris Kennedy, Michaela Mahlberg, Michael McCarthy, Tony McEnery, Keith Richards, Ute Römer 교수님께도 머리 숙여 감사드립니다.

2010년 귀국 후 현장에서 코퍼스 워크숍을 함께하며 든든한 동료가 되어주신 권혁승 교수님, 원고를 꼼꼼히 살펴주신 김태국 박사님과 민주영 교수님께도 진심 어린 감사를 전합니다. 이 책은 오로지 이분들이 보여주신 학문적 배려와 나눔의 토양 위에서 피어날 수 있었습니다.

이 책은 코퍼스 영어학의 핵심적인 이론과 개념을 짚어보는 데서 나아가, 실제 자료를 분석하는 구체적인 방법론과 도구들을 차근차근 소개하고 있습니다. 영어를 깊이 이해한다는 것은 결국 그 언어를 사용하는 인간과 사회, 그리고 문화를 이해하는 일과 맞닿아 있습니다. 코퍼스 영어학이라는 혜안을 통해 독자 여러분이 영어의 본질을 새롭게 발견하고, 데이터가 건네는 명쾌한 즐거움을 함께 누리시길 소망합니다.

정채관
송도국제도시 8공구
2026년 1월

목차

제2장 코퍼스 도구 다루기

제3장

코퍼스 활용하기

제4장

부록

제1장

코퍼스 영어학 이해하기

제1장

코퍼스 영어학 이해하기

가 코퍼스 영어학이란 무엇인가?

1) 들어가기

언어는 인간의 사고와 문화를 지탱하는 가장 근본적 소통의 틀이다. 우리는 언어를 통해 세상을 이해하고 의미를 나누며, 사회적 관계를 형성한다. 그러나 외국어로서의 영어가 실제 상황에서 어떻게 사용되고 변화하는지를 체계적으로 파악하는 일은 결코 쉽지 않다. 오랫동안 영어 연구는 연구자의 직관(intuition)과 제한된 예문에 의존해 왔으며, 이러한 접근은 이론적 통찰을 제공하는 장점이 있었지만 실제 영어 사용의 다양성과 맥락적 복잡성을 충분히 포착하기에는 한계가 있었다.

20세기 후반 컴퓨터 기술의 발전은 이러한 한계를 근본적으로 변화시켰다. 방대한 영어 자료를 전자적으로 수집·분석할 수 있게 되면서, 영어 연구는 보다 객관적이고 실증적인 방향으로 이동하였다. 이러한 흐름 속에서 등장한 것이 바로 코퍼스 영어학(English corpus linguistics)이다. Lüdeling과 Kytö(2008)는 코퍼스 영어학을 실제 영어 사용(real-life language use)을 바탕으로 다양한 연구 질문을 탐구하는 방법론적 틀(methodological framework)로 정의하며, 특정 이론이 아니라 **영어 현상을 탐구하기 위한 연구 방**

법론으로 규정한다.

Kennedy(1998) 역시 코퍼스를 특정 영어 양상을 대표하도록 수집한 전자적 자료집으로 설명하며, 코퍼스 영어학이 음성학, 형태론, 문법, 의미론, 담화 분석, 영어교육 등 다양한 분야에 적용될 수 있는 실험적·통계적 연구 방법임을 강조한다. 코퍼스는 단순한 자료 축적이 아니라, 시대·지역·사회 집단에 따른 영어적 변이를 동시에 보여주는 '살아 있는 자료'이며, 이러한 데이터 기반 접근은 영어 연구를 직관 중심의 분석에서 **객관적 근거에 기반한 탐구**로 확장시켰다.

Aston(2001)은 코퍼스의 교육적 의의를 강조하며, 코퍼스가 학습자와 교사에게 실제 영어 사용을 탐구하고 영어 형태와 의미의 관계를 스스로 발견하도록 돕는 도구라고 말한다. 즉, 코퍼스는 연구자뿐 아니라 학습자에게도 열린 영어 자원이며, 영어를 '가르침의 대상'이 아니라 '탐구의 대상'으로 경험하게 한다.

결과적으로 코퍼스 영어학은 방대한 데이터를 다루는 기술이 아니라, **영어를 실제 사용 속에서 과학적으로 이해하려는 태도의 전환**을 상징한다. 영어가 어떻게 쓰이는지를 관찰하고, 그 패턴을 발견하며, 이를 다시 이론과 교육에 환류하는 과정이 코퍼스 영어학의 핵심이다.

2) 영어 연구의 새로운 시각

전통적 영어 연구는 영어를 하나의 규범적 체계로 가정하고, 연구자의 직관이나 제한된 예문을 근거로 문법을 기술해 왔다. 이러한 방식은 영어의 내재적 구조를 설명하는 데 기여하였으나, 실제 영어 사용의 다양성과 복잡성을 온전히 반영하기에는 한계가 있었다. 영어는 사회·문화적 맥락 속에서 끊임없이 변화하고 상호작용하는 '살아 있는 행위'이기 때문이다.

이러한 문제의식 속에서 등장한 코퍼스 영어학은 현실 속 실제 영어(actual language use)를 탐구의 중심에 둔다. 코퍼스 영어학은 방대한 실제 자료를 기반으로 영어를 관찰하는 경험적(empirical) 학문이며, Baker(2009)는 이를 영어학자에게 영어의 실제 작동 양상을 보여주는 '창(window)'이라고 표현한다. 단어의 빈도(frequency), 연어(collocate), 패턴(pattern), 장르(genre) 간 차이 등은 코퍼스 분석을 통해 객관적으로 검증될 수 있다.

예컨대 '어떤 구문이 특정 장르에서 얼마나 자주 사용되는가?', '신문 기사와 소설의 어휘 선택은 어떻게 다른가?'와 같은 질문은 코퍼스가 제공하는 대규모 데이터를 통해 실증적으로 탐색할 수 있다. 이러한 점은 연구자의 직관에 크게 의존하던 기존 접근과 뚜렷이 구별된다.

Tognini-Bonelli(2001)는 코퍼스 영어학을 영어 연구에서 이론적 가설보다 실제 영어 사용의 증거를 우선시하는 실증적 전환으로 설명하며, 영어를 규범의 산물이 아닌 **사회적 결과물**로 이해하는 관점을 제시한다.

코퍼스 기반 접근은 문법 구조의 의미적·담화적 기능, 단어 간 결합 관계, 사회적 변이 등을 통계적으로 분석하게 하며, 그 결과는 영어 교육·번역·사전 편찬 등 실천적 영역으로 확장된다. 다시 말해, 코퍼스 영어학은 영어 연구의 초점을 '이상적 규범'에서 '현실적 사용'으로 이동시키는 새로운 관점을 제시하며, 영어를 살아 있는 자료로 바라보게 한다.

3) 코퍼스의 정의와 특징

코퍼스는 특정 목적에 따라 체계적으로 수집된 실제 영어 자료의 전자적 집합체이다. 라틴어 *corpus*는 '신체(body)' 또는 '집합체(collection)'를 의미하며, 영어학에서는 특정 영어 공동체의 실제 사용을 관찰하기 위해 구축된 데이터 기반 연구 자료를 뜻한다. Lüdeling과 Kytö(2008)는 코퍼스를 현대 영어학에서 실제 영어 사용(real-life language use)을 경험적으로 탐구하는 기본 단위로 정의하며, 코퍼스 연구의 출발점이 **영어 자료 그 자체**에 있음을 강조한다.

코퍼스는 단순히 많은 텍스트를 모아 둔 자료집이 아니라, 영어의 실제 사용 양상을 체계적으로 관찰할 수 있도록 설계된 연구 도구이다. Kennedy(1998)는 코퍼스를 무작위 수집물이 아닌, 명확한 기준에 따라 구성된 영어의 축소 모형(representative sample)이라 설명한다. 즉, 코퍼스는 영어의 다양한 변이를 반영하기 위해 표본을 엄격하게 선별하여 구성된 데이터 기반 모형이다.

아래에서는 코퍼스의 핵심 특징을 네 가지 측면에서 살펴본다.

가) 대표성(representativeness): 특정 시기·장르·집단을 반영

대표성은 코퍼스가 특정 영어 공동체의 실제 사용을 얼마나 충실하게 반영하는지를 의미한다. 즉, 코퍼스가 특정 시대, 지역, 장르, 혹은 사회 집단의 영어적 특성을 균형 있게 담고 있는가의 문제이다. Kennedy(1998)는 대표성을 코퍼스 연구의 신뢰성을 결정하는 핵심 원리로 보며, 코퍼스가 특정 영어 변이체를 '대표할 수 있도록' 구성되어야 한다고 강조한다.

대표성을 갖추기 위해서는 먼저 명확한 수집 목적과 표본화 기준이 필요한다. 예를 들어, 현대 영국 영어를 반영하는 코퍼스를 만들고자 할 때는 다양한 연령, 성별, 지역, 사회 계층의 영어 자료가 균형 있게 포함되어야 한다. Lüdeling과 Kytö(2008)는 대표성 확보가 코퍼스를 영어의 실재를 보여주는 창(window)으로 기능하게 한다고 설명한다.

영어는 사회와 함께 지속적으로 변화하기 때문에, 특정 시대를 반영하려면 그 시대의 문어·구어 자료가 적절하게 포함되어야 한다. 이러한 원칙에 따라 BNC, COCA, Brown Corpus 등은 특정 시기와 지역의 영어 사용을 반영하기 위해 엄격하게 표본화되었다.

결국 대표성은 단순한 자료량의 문제가 아니라, **영어 사용의 다양성과 균형을 확보하는 설계 원리**이다. 대표성이 확보되지 않으면 분석 결과의 일반화 가능성이 제한되며, 반대로 대표성이 견고한 코퍼스는 특정 영어 현상의 사회·장르적 차이를 객관적으로 탐구할 수 있다.

나) 표본성(sampling): 체계적 기준에 따른 자료 선별

대표성이 '무엇을 담을 것인가'의 문제라면, 표본성은 '어떻게 담을 것인가'의 문제이다. 표본성은 코퍼스가 체계적·일관된 기준에 따라 자료를 선별함으로써 연구의 타당성을 확보하는 원리이다.

Kennedy(1998)는 코퍼스를 연구 목적에 따라 체계적으로 선별된 영어 사용의 표본(language sample)이라 정의한다. 즉, 코퍼스는 원칙 없는 자료 수집이 아니라, 목적지향적(purposeful)이고 투명한 기준에 따라 구성되어야 한다.

표본성을 확보하기 위해서는 다음 요소가 중요하다.

- **화자 변인 고려**: 구어 자료를 구축할 때는 연령, 성별, 지역, 사회 계층, 직업 등 다양한 변인이 반영되어야 한다.
- **장르와 주제의 균형**: 문어 자료는 뉴스, 학술 논문, 소설, 광고, 웹 텍스트 등 장르 전반을 포함해야 한다.
- **표본 크기와 선정 방식의 명확화**: 연구 목적에 따라 코퍼스의 규모는 달라질 수 있으며, 그 선정 기준이 투명하게 기록되어야 한다.

McEnery와 Wilson(2001)은 표본성을 연구의 재현성을 보장하는 전제 조건으로 보며, 자료 선정 기준의 투명성을 강조한다. 이는 후속 연구자가 동일한 절차를 재현할 수 있게 한다는 점에서 학문적 신뢰성을 높인다.

다) 유한성(finiteness): 일정한 규모를 가진 집합체

코퍼스는 본질적으로 유한한(finite) 자료의 집합체이다. 영어는 끊임없이 변화하지만, 코퍼스는 특정 시점에서 수집된 영어를 일정한 규모로 제한하여 구성한다. Kennedy(1998)는 코퍼스의 유한성을 실증적 분석을 가능하게 하는 구조적 장치라고 설명한다.

유한성은 두 가지 함의를 지닌다.

1. **코퍼스는 특정 시대·상황의 영어를 보여주는 단면(snapshot)이다.**

Lüdeling과 Kytö(2008)는 코퍼스가 영어 전체를 포괄하려는 무한한 기록이 아니라, 특정 시기의 영어를 명확하게 드러내기 위해 설계된 표본임을 강조한다.

2. **유한성은 분석의 일관성과 비교 가능성을 높인다.**

Brown Corpus와 LOB Corpus가 동일 기준 아래 구축되었기 때문에, 두 코퍼스를 서로 비교해 동일 시기의 영·미 영어 차이를 안정적으로 분석할 수 있었다.

또한 COCA처럼 주기적으로 업데이트되는 코퍼스는 유한성을 유지하되, 영어 변화를 추적할 수 있도록 지속적으로 확장된다. 결국 코퍼스의 유한성은 한계가 아니라, 연구 범위를 명확히 규정하고 분석의 객관성을 확보하는 **필수 조건**이다.

라) 검색 가능성(searchability): 빈도·연어·문법 패턴 탐색

코퍼스의 가장 실천적인 강점은 컴퓨터 기반 검색 기능이다. 과거에는 연구자가 직접 텍스트를 읽으며 예문을 수집해야 했지만, 코퍼스 영어학에서는 대규모 자료를 단시간에 탐색할 수 있다.

Kennedy(1998)는 이러한 기능을 코퍼스의 실용적 핵심(practical heart)이라 표현한다.

검색 기능은 다음과 같은 분석을 가능하게 한다.

- **빈도 분석**: 특정 단어·구문·문법 구조가 실제로 얼마나 자주 나타나는지 객관적으로 확인
- **연어 분석**: 특정 단어가 어떤 단어와 어울리는지 탐색하여 의미적 관계 파악
- **문법 패턴 분석**: 특정 구조가 어떤 맥락에서 어떤 기능을 수행하는지 확인

Tribble과 Jones(1997)는 코퍼스 검색 기능이 영어 패턴을 눈으로 보이게 만드는 기술이라고 설명한다. 실제로 BNC나 COCA는 단어의 빈도, 연어, 문법 패턴 등을 시각적으로 제시하여 영어 연구와 교육의 효율성을 크게 향상시켰다.

결국 검색 가능성은 코퍼스를 단순한 자료집이 아니라, **영어의 규칙성과 변이를 탐색하는 과학적 장치**로 자리매김하게 한다.

4) 코퍼스 영어학의 장점과 한계

코퍼스 영어학은 영어 연구를 직관 중심에서 실증 중심으로 전환한 중요한 방법론이다. Kennedy(1998)는 그 핵심적 의의를 연구자의 직관이 아니라 실제 영어 자료에 근거한다는 점에서 찾는다. 수백만 개의 실제 문장을 분석함으로써 영어의 빈도와 패턴을 통계적으로 확인할 수 있으며, 이는 영어의 규칙성을 보다 과학적이고

객관적으로 탐구하도록 이끈다. 한편, 코퍼스 영어학은 사전 편찬, 교재 개발, 번역 연구, 영어 교육, AI 영어 모델 설계 등 다양한 실천 영역에서 활용되며, 응용 범위도 매우 넓다.

그러나 코퍼스 영어학 역시 일정한 한계를 지니고 있다. McEnery와 Wilson(2001)은 코퍼스가 특정 시점에서 수집된 **유한한 자료**이므로, 영어의 모든 변이와 변화 과정을 완전히 반영하기 어렵다고 지적한다. 또한 통계적 패턴은 문맥이나 화자의 의도와 같은 의미 해석의 세부 요소를 충분히 설명하지 못할 수 있다. 이러한 점은 코퍼스 분석이 질적 분석과 결합될 때 더욱 풍부한 해석이 가능하다는 사실을 시사한다.

이 절에서는 코퍼스 영어학의 장점을 **객관성·실증성·응용성**의 측면에서 정리하고, 뒤이어 코퍼스가 지닌 구조적 한계를 살펴본다.

가) 객관성(objectivity): 직관이 아닌 실제 자료 기반 분석

코퍼스 영어학의 가장 중요한 학문적 의의는 영어 연구의 객관성을 확보했다는 점이다. 전통적 영어 연구에서는 연구자의 직관이나 이론적 가정이 분석의 주요 근거가 되는 경우가 많았다. 그러나 이러한 방식은 실제 영어 사용의 다양성을 충분히 반영하기 어렵다.

Halliday(2004)는 영어 연구의 기반은 연구자의 판단이 아니라 실제 영어 사용의 기록에 있다고 강조하며, 코퍼스가 영어학을 실증적(empirical)·과학적(scientific) 학문으로 전환시켰다고 평가한다. 코퍼스는 방대한 자연발화 자료를 전자적으로 저장하고, 이를 기반으로 빈도·패턴·문맥적 사용을 구체적인 수치로 제시할 수 있다. 예를 들어, 전통 문법 기술에서 often은 동사 앞에서 자주 쓰인다고 설명되지만, 코퍼스 분석에서는 특정 위치에서의 출현 비율을 수치로 제시할 수 있다. 이러한 자료 기반 서술은 연구의 신뢰성을 높인다.

코퍼스 자료는 연구자의 선입견을 줄이는 데에도 기여한다. Lüdeling과 Kytö(2008)는 코퍼스를 연구자의 기대를 넘어 실제 사용 양상을 드러내는 실험실에 비유하며, 예상치 못한 패턴이나 변이가 데이터에서 자연스럽게 드러난다고 설명한다. 이처럼 코퍼스는 직관적 판단을 보완하고, 보다 개방적이며 검증 가능한 연구를 가능하게 한다.

나) 실증성(empirical validity): 빈도·패턴 분석을 통한 규칙 발견

코퍼스 영어학은 실제 사용된 영어 자료를 기반으로 영어의 규칙을 경험적으로 탐구한다. Halliday(2004)는 영어는 실제 사용의 집합이며, 영어 연구 역시 그 사용의 경험적 증거에 근거해야 한다고 강조한다.

코퍼스 영어학은 특정 어휘나 문법 구조가 실제 담화에서 얼마나 자주, 어떤 의미 기능으로 나타나는지를 통계적으로 탐색하게 한다. Kennedy(1998)는 이를 실제 사용에서 규칙을 발견하는 과정으로 설명하며, 코퍼스 분석이 새로운 영어적 통찰을 도출하는 과학적 절차임을 강조한다. 예를 들어, *get*은 단순히 '얻다'라는 의미를 넘어 *become*으로의 의미 확장, 다양한 구동사 형태(*get up, get along* 등)에서의 기능적 차이를 실증적으로 보여 준다.

이러한 실증성은 영어 교육에서도 큰 의미를 갖는다. Biber, Conrad와 Reppen(1998)은 문법 설명이나 교육용 예문은 실제 사용 근거에 기반할 때 학습자에게 신뢰할 만한 지식을 제공할 수 있다고 설명한다. 예컨대 *always*나 *definitely* 같은 부사가 실제 담화에서 나타나는 위치나 강조 기능은 코퍼스 분석을 통해 더욱 정확하게 이해할 수 있다.

결국 코퍼스는 한두 개의 예문이 아니라 수많은 실제 사례를 기반으로 영어의 경향성을 탐구하게 하며, 영어의 규칙성과 변이를 동시에 드러내는 실증적 도구라고 할 수 있다.

다) 응용성(applicability): 사전·교재·통번역·AI 등 다양한 분야 활용

코퍼스 영어학의 연구 결과는 실용적 활용 분야에서 큰 가치를 지닌다. 코퍼스 기반 사전은 실제 사용 빈도와 문맥을 반영하여 단어의 의미·연어·문법 패턴을 정밀하게 기술하며, 현대 사전 편찬의 표준 형식이 되었다. 또한 교육용 교재 개발에서는 고빈도 어휘와 자연스러운 표현을 선별하는 데 핵심적 근거로 활용된다.

통번역 연구에서도 병렬 코퍼스를 활용해 영어 간 대응 관계를 탐구할 수 있다. 통번역 교육은 이러한 실제 번역 데이터를 기반으로 학생들에게 구체적 사례 중심의 학습을 제공한다. 최근에는 대규모 코퍼스가 AI 영어 모델의 학습 기반이 되면서, 코퍼스의 응용 범위는 자연어 처리, 기계 번역, 챗봇 개발 등 기술적 영역으로 확장되고 있다.

라) 코퍼스 영어학의 한계

코퍼스 영어학의 장점은 분명하지만, 다음과 같은 구조적 한계가 존재한다.

① 유한성(finiteness)

코퍼스는 특정 시점에서 수집된 유한한 자료이기 때문에, 새로운 어휘나 신조어, 온라인 환경의 빠른 영어 변화는 즉각적으로 반영하기 어렵다. Halliday(2004)는 코퍼스를 영어 변화의 일부만을 보여주는 단면(snapshot)으로 보아야 한다고 설명한다.

② 표본성(sampling)

모든 코퍼스는 구성 과정에서 어느 정도의 편향을 갖는다. Kennedy(1998)는 특정 장르·지역·계층이 과도하게 포함되거나 누락될 수 있으며, 인터넷 기반 코퍼스는 플랫폼 특성이 과대표현될 가능성이 높다고 지적한다.

③ 맥락 축소(context reduction)

Hunston(2011)은 코퍼스가 제공하는 통계적 패턴만으로는 발화의 사회적 상황·의도·감정 등 담화적 의미를 충분히 설명하기 어렵다고 말한다. 예를 들어 *'I'm fine.'*의 긍정·부정 맥락은 단순 빈도 분석으로 판단하기 어렵다.

④ 해석의 의존성(interpretive dependence)

McEnery와 Wilson(2001)은 코퍼스가 제시하는 수치 자체는 객관적이지만 그 해석은 연구자의 이론적 관점에 따라 달라질 수 있음을 지적한다. 동일한 패턴이라도 어떤 연구자는 문법적 경향으로, 또 다른 연구자는 의미적 확장으로 해석할 수 있다.

5) 요약

코퍼스 영어학은 실제 영어 사용을 과학적으로 탐구하는 실증적(empirical) 연구 방법론이다. 전통적 영어 연구가 연구자의 직관과 이론적 가정에 의존하여 영어 규칙을 추론했다면, 코퍼스 영어학은 실제로 쓰인 방대한 영어 자료를 근거로 빈도와 패턴을 분석하여 영어의 구조와 기능을 설명한다. Kennedy(1998)는 이러한 변화를 영어학이 이론적 추정에서 경험적 증거로 이동한 혁신이라 평가하며, 코퍼스가 영어 연구의 객관성과 타당성을 강화한다고 보았다.

코퍼스는 특정 영어 공동체의 실제 사용을 대표하도록 체계적으로 구성된 전자적 영어 자료의 집합체로, 몇 가지 핵심적 특징을 지닌다. 첫째, **대표성(representativeness)**은 코퍼스가 특정 시기·지역·장르·집단의 영어적 특성을 균형 있게 반영하도록 설계된다는 점을 의미한다. 둘째, **표본성(sampling)**은 자료를 명확한 기준에 따라 선별함으로써 영어의 다양한 변이를 공정하게 반영하는 원리이다. 셋째, **유한성(finiteness)**은 코퍼스가 특정 시점에서 수집된 제한된 규모의 자료로 구성됨을 뜻하며, 이는 분석의 일관성과 재현성을 보장한다. 넷째, **검색 가능성(searchability)**은 컴퓨터를 통해 빈도, 연어, 문법 패턴 등을 효율적으로 탐색할 수 있는 기능으로, 코퍼스 영어학의 실질적 강점이다.

이러한 특징을 바탕으로 코퍼스 영어학은 실제 영어 사용을 실증적으로 탐구함으로써 **객관성(objectivity)**과 **신뢰성(reliability)**을 높이는 학문적 토대를 제공한다. Halliday(2004)는 코퍼스가 영어를 규범이 아닌 사용의 관점에서 이해하게 한다고 강조하며, 코퍼스가 영어를 살아 있는 사회적 실체로 바라보게 하는 새로운 시각을 제시한다고 설명한다.

더 나아가 코퍼스 영어학은 사전 편찬, 교재 개발, 통번역 연구, 영어교육, AI 및 자연어 처리(Natural Language Processing, NLP) 기술 등 다양한 분야에서 활용되며 실용적 가치도 높다. O'Keeffe, McCarthy와 Carter(2007)는 코퍼스 자료가 학습자에게 실제 영어 사용을 직접 탐구할 수 있도록 돕는 학습 자원이라고 하며, 데이터 기반 학습(Data-Driven Learning, DDL)의 가능성을 제시한다. 또한 Sinclair(2004)는 코퍼스 영어학이 사전·교재뿐 아니라 자연어 처리 기술의 기반을 형성하는 데 중요한 역할을 한다고 강조한다.

그러나 코퍼스는 완결된 자료가 아니며, Hunston(2011)이 지적하듯 사회적 맥락이나 화자의 의도 등 질적 요소는 충분히 반영하지 못하는 한계를 지닌다. 또한 코퍼스는 특정 시점의 유한한 자료이기 때문에 영어 변화와 신조어를 즉각적으로 반영하지 못할 수 있다. 이러한 점에서 코퍼스 분석은 영어 현상의 양적 근거를 제공하되, 질적 분석과 결합될 때 더욱 풍부한 해석이 가능하다.

결국 코퍼스 영어학은 영어를 실제 사용의 관점에서 객관적·실증적으로 탐구하는 학문이며, 영어 연구뿐 아니라 교육·번역·기술 분야까지 폭넓게 확장되는 연구 틀이다. 코퍼스는 영어를 있는 그대로 관찰하고 설명하는 가장 강력한 증거 기반이며, 이를 통해 우리는 영어의 빈도·패턴·의미·맥락을 구체적으로 이해할 수 있다. 동시에 코퍼스 분석은 영어의 복잡성과 인간 의도의 미묘함을 이해하기 위해 질적 접근과 균형 있게 결합되어야 한다.

나 코퍼스로 보는 영어

1) 들어가기

영어는 영어권 사람들의 사고를 형성하고 사회적 상호작용을 매개하는 가장 기본적인 도구이며, 그 속에는 세계를 이해하고 해석하는 방식이 자연스럽게 스며 있다. 그러나 영어는 고정된 체계가 아니라, 실제 사용 속에서 끊임없이 변화하고 조정되는 역동적 현상이다. 따라서 영어를 올바르게 이해하기 위해서는 규범이나 직관에만 의존하기보다, **영어가 실제로 어떻게 사용되는가**를 관찰하는 과정이 필요하다. 이러한 필요에 응답한 연구 방법이 바로 코퍼스 영어학이며, 그 핵심에는 실제 영어 자료를 바탕으로 한 경험적 탐구가 자리한다.

코퍼스의 가장 큰 장점은 실제 영어 사용에서 드러나는 빈도와 패턴을 체계적으로 확인할 수 있다는 점이다. Sinclair(1991)는 영어를 패턴의 집합으로 보며, 이러한 패턴은 코퍼스를 통해서만 명확하게 드러난다고 강조한다. 예를 들어 *take a look, make a decision, do homework*와 같은 표현들은 임의적 조합이 아니라, 실제 사용에서 반복적으로 등장하여 고착된 연어 또는 상용구

(formulaic expressions)이다. 이러한 표현은 전통적 문법 설명만으로는 포착하기 어려우나, 코퍼스 분석에서는 빈도와 예문을 통해 구체적으로 확인할 수 있다.

Kennedy(1998)는 코퍼스를 영어 연구의 실험실(laboratory)에 비유하며, 특정 단어가 어떤 문맥에서 자주 등장하는지, 문법 구조가 어떤 담화 기능을 수행하는지, 또는 장르와 시대에 따라 표현이 어떻게 달라지는지를 실증적으로 탐구할 수 있다고 설명한다. 코퍼스는 단순한 자료집이 아니라 실제 영어 사용의 맥락(context)을 담고 있는 영어 자료로, 연구와 교육 모두에서 중요한 출발점이 되는 것이다.

앞서 살펴본 코퍼스 영어학의 개념과 방법론을 바탕으로, 이제부터는 코퍼스가 영어 연구에 구체적으로 어떻게 활용되는지 살펴보고자 한다. 코퍼스를 이용하면 교과서적 규범이나 직관을 넘어, 실제 영어(real English)의 사용 양상을 객관적으로 관찰할 수 있다. 특정 어휘가 구어에서 얼마나 자주 쓰이는지, 문어에서는 어떤 의미적 차이가 나타나는지, 혹은 특정 문법 구조가 사회적·담화적 맥락에서 어떤 기능을 수행하는지 등을 코퍼스를 통해 정밀하게 탐구할 수 있다.

Hunston(2011)은 코퍼스 연구가 우리가 가정하는 영어와 실제로 사용되는 영어 사이의 간극을 드러내는 과정이라고 설명한다. 이러한 비교는 영어에 대한 오해를 바로잡고, 실제 의사소통에서 중요한 패턴을 이해하는 데 도움을 준다. 결국 코퍼스는 단순한 데이터 집합이 아니라, 영어가 어떻게 쓰이고 변하는지 보여주는 지식의 보고라고 할 수 있다. 이를 탐구함으로써 학습자와 연구자는 영어의 어휘·문법·표현이 실제 의사소통 속에서 어떻게 기능하는지 보다 정확하게 이해할 수 있다. 이러한 관찰은 영어를 단순한 외국어 학습의 대상으로 넘어서, 영어의 본질과 실제 활용 능력을 깊이 있게 익히는 밑거름이 된다.

2) 워드리스트와 키워드

코퍼스 분석의 출발점은 어휘 사용 양상을 살펴보는 일이며, 그 핵심 도구가 워드리스트와 키워드 분석이다. Kennedy(1998)는 코퍼스 영어학의 첫 단계는 단어의 빈도와 분포를 파악하는 것이라고 설명하며, 실제 사용 자료에 기반한 어휘 분석이 영어 구조와 의미를 탐구하는 기초가 된다고 강조한다. 코퍼스를 활용하면 텍스트가 어떤 어휘적 특성을 갖는지, 그리고 특정 단어가 어떤 사회·담화적 의미를 구성하는지를 체계적으로 파악할 수 있다.

가) 워드리스트: 기본 빈도 분석의 출발점

워드리스트는 특정 코퍼스 안의 모든 단어를 출현 빈도순으로 배열한 목록이다. 이를 통해 한 코퍼스에서 어떤 단어가 상대적으로 많이 쓰였는지를 직관적으로 확인할 수 있다. 예를 들어 BNC나 COCA와 같은 대규모 코퍼스에서 빈도가 가장 높은 단어는 대부분 *the, of, and, to*와 같은 기능어(function words)이다. 이러한 결과는 영어의 구조가 의미어보다 기능어 중심으로 조직되어 있음을 보여주는 실증적 근거이다.

하지만 단순 빈도만으로는 텍스트의 특성을 충분히 파악하기 어렵다. 따라서 코퍼스 연구에서는 단순 나열을 넘어 **텍스트의 장르적 성격, 주제, 담화적 특성**을 드러내는 고급 분석으로 이어지며, 그 대표적 방법이 키워드 분석이다.

나) 키워드: 텍스트의 정체성을 드러내는 '영어적 지문'

키워드는 특정 코퍼스에서 다른 비교 코퍼스보다 상대적으로 유의미하게 더 자주 등장하는 단어를 의미한다. Hunston(2011)은 키워드를 텍스트의 정체성을 보여주는 영어적 지문(linguistic fingerprint)이라 설명하며, 특정 텍스트나 장르가 무엇을 강조하고 어떤 관점을 지니는지를 밝히는 핵심 단서라고 말한다.

키워드 분석은 단순히 '많이 쓰인 단어'가 아니라 '다른 텍스트와 비교했을 때 특히 두드러지는 단어'를 통계적으로 도출한다. 예를 들어 환경 관련 뉴스 코퍼스는 *climate, emission, sustainability*와 같은 단어가 높은 키워드 점수를 보이며, 이는 해당 담화가 환경 문제를 중심 주제로 다루고 있음을 보여 준다. 반면 문학 코퍼스에서는 love, heart, dream 등 정서적 어휘가 주요 키워드로 나타날 수 있다. 이렇게 키워드는 텍스트가 무엇을 강조하는지, 어떤 사회·문화적 관심사가 담겨 있는지 파악하게 한다.

키워드는 단어의 의미 자체뿐 아니라 **영어 사용자의 시각(point of view)**을 탐구하는 데에도 중요하다. 예를 들어 *immigrant*와 *refugee*가 어떤 동사·형용사와 함께 사용되는지를 분석하면, 각각의 단어가 사회적 담론에서 어떤 평가적 의미를 지니는지 확인할 수 있다. 이러한 분석은 담화 연구(Critical Discourse Analysis, CDA), 미디어 분석, 정책 담론 분석 등 다양한 분야에서 활용된다.

다) 빈도·키워드 분석의 교육적·응용적 의의

워드리스트와 키워드 분석은 연구뿐 아니라 영어 교육에서도 큰 의미를 갖는다. 교재 개발자와 교사는 고빈도 어휘와 핵심 키워드를 중심으로 실제 사용을 반영하는 학습 자료를 구성할 수 있다. 예를 들어 학술 영어 코퍼스에서는 *method, result, evidence, significant*와 같은 단어가 핵심 키워드로 나타나므로, 이러한 어휘는 학술 글쓰기 지도에서 필수 교육 대상이 된다. 반면 일상 대화 코퍼스에서는 *yeah, well, like, you know* 같은 구어체 표현이 빈번히 등장해 구어 교육의 핵심 자료가 된다.

또한 키워드 분석은 텍스트 비교에 유용해, 특정 시기·장르·이슈를 다룬 텍스트 간 영어적 차이를 명확히 드러낼 수 있다. 예를 들어 동일한 사회 이슈를 비교하기 위해 한국에서 발간되는 한국어와 영어 신문 코퍼스와 영어권 나라에서 발간되는 영어 신문 코퍼스를 분석하면, 각 영어 공동체의 문화적·사회적 시각 차이를 구체적으로 파악할 수 있다.

Hunston(2011)은 워드리스트와 키워드는 영어를 살아 있는 현상으로 이해하게 하는 첫 관문이라고 설명한다. 영어는 단순히 사전적 의미가 아니라, 반복되는 사용 속에서 의미를 형성하고 사회적 가치와 문화를 드러내기 때문이다.

3) 표현의 반복과 패턴

영어는 개별 단어가 독립적으로 나열된 체계가 아니라, 단어들이 반복적으로 결합하여 일정한 표현과 패턴을 이루는 구조적 체계이다. 실제 의사소통에서 우리가 사용하는 많은 표현은 이러한 반복된 결합 속에서 형성되며, 바로 이 지점에서 영어의 규칙성과 의미가 드러난다. Sinclair(1991)는 영어를 예외적 창조성보다 **규칙적 반복의 산물**로 보아야 하며, 이러한 반복은 코퍼스 분석에서 가장 분명하게 나타난다고 강조한다.

코퍼스 영어학은 이러한 반복적 결합을 실증적으로 탐구할 수 있게 하는 강력한 도구를 제공한다. 본 절에서는 그 핵심 개념인 **엔그램(n-gram)**과 **연어**를 중심으로, 영어가 패턴을 통해 의미를 구성하는 방식을 살펴본다.

가) 엔그램: 연속 단어의 반복에서 드러나는 패턴

엔그램은 코퍼스에서 연속된 N개의 단어가 하나의 단위로 나타나는 경우를 의미한다. 즉, 2-gram은 두 단어, 3-gram은 세 단어가 한 묶음으로 반복되는 패턴이다. 예를 들어 *'I don't know.'*는 3-gram, *at the end of the*는 5-gram에 해당한다.

Kennedy(1998)는 엔그램 분석을 **영어의 표면적 빈도와 구조적 패턴을 동시에 드러내는 기본 분석 도구**로 설명한다. 코퍼스를 통해 반복적으로 나타나는 단어 조합을 찾아내면, 영어 사용자들이 실제 의사소통에서 어떤 표현을 관습적으로 사용하는지 확인할 수 있다.

예를 들어 *I think, a lot of, as soon as, in order to*와 같은 표현은 단순한 단어 조합이 아니라, 영어 담화에서 자주 등장하는 관습적 구성으로 기능한다. Biber, Conrad와 Reppen(1998)은 이러한 반복적 표현을 **영어 사용의 자동화된 부분(automatized part of language use)**으로 설명하며, 이들이 영어의 유창성과 자연스러움을 구성한다고 말한다.

엔그램 분석을 통해 학습자는 단어 하나하나를 따로 외우는 것이 아니라, **실제 사용 맥락에서 반복되는 표현 단위**를 파악할 수 있으며, 이는 자연스러운 영어 사용 능력 향상으로 이어진다.

나) 연어: 함께 나타나는 단어의 자연스러운 결합

연어는 특정 단어들이 서로 함께 자주 나타나는 경향을 의미한다. Sinclair(1991)는 이를 단어가 단어를 선택한다(words choose their company)는 영어의 속성을 보여주는 개념이라 정의한다. 예를 들어 *strong tea*는 자연스럽지만, *powerful tea*는 문법적으로 맞더라도 실제 사용에서는 거의 나타나지 않는 표현이다.

연어 분석의 중요성은 단어의 의미를 사전적 정의가 아니라 **실제 사용 맥락에서** 이해하게 한다는 점에 있다. Kennedy(1998)는 연어가 단어의 의미적 경향(semantic prosody)을 드러낸다고 설명한다. 예를 들어 *commit*는 사전적으로는 '행하다'라는 중립적 의미를 가지지만, 코퍼스에서는 *crime, suicide, error* 등과 자주 결합하여 부정적 의미망 속에서 사용되는 경향을 보인다.

연어 분석은 영어 교육에서도 필수적인 역할을 한다. Nesselhauf (2005)는 학습자 코퍼스 연구를 통해, 영어 학습자가 문법보다 연어 사용에서 더 많은 어려움을 겪는다고 지적한다. 예컨대 *make a photo*와 같은 표현은 문법적으로는 가능해 보이지만 실제 영어에서는 쓰이지 않는 결합으로, *take a photo*라는 관습적 결합이 지니는 자연스러움을 내면화하지 못한 결과이다. 연어 학습은 결국 자연스러운 영어 사용 능력을 기르는 핵심 과정이다.

다) 반복과 패턴이 갖는 의미

엔그램과 연어는 영어의 규칙성과 관습성을 실증적으로 보여주는 상호보완적 도구이다. Hunston(2011)은 영어를 **반복되는 사회적 행위의 결과물**로 이해해야 한다고 설명하며, 코퍼스는 바로 그 반복의 흔적을 데이터로 남긴다고 말한다. 엔그램이 영어의 연속적 표현 단위를 보여주는 반면, 연어는 단어 간 의미적 연결망을 드러낸다.

결국 코퍼스가 보여주는 반복과 패턴은, 영어란 규칙의 집합이 아니라 **사용을 통해 축적된 집단적 기억의 체계**임을 시사한다. 엔그램과 연어 분석은 영어의 내적 질서를 구체적으로 드러내고, 이를 통해 영어가 실제 의사소통 속에서 어떻게 작동하는지를 보다 정밀하게 이해할 수 있다.

4) 실제 예시: 사전·교재·뉴스에서 찾은 코퍼스 활용

코퍼스 영어학은 이론적 논의에 머무르지 않고, 사전 편찬·교육용 교재 개발·미디어 분석 등 실생활의 다양한 분야에서 폭넓게 활용되고 있다. Kennedy(1998)는 코퍼스의 가치를 영어의 실제 사용을 바탕으로 객관적 자료를 제공함으로써 영어 연구와 교육의 방향을 근본적으로 변화시켰다고 설명한다. 아래에서는 대표적인 세 분야(**사전 편찬, 영어 교재 개발, 뉴스·미디어 분석**)에서 코퍼스가 어떻게 사용되는지를 살펴본다.

가) 사전 편찬: 직관 중심에서 실증 기반 사전으로

과거 사전은 편찬자의 직관이나 문헌에서 발췌한 제한된 예문에 의존해 구성되었다. 그러나 영어가 사회와 함께 끊임없이 변화하기 때문에, 제한된 예문만으로는 실제 사용을 충실히 반영하기 어렵다. 이러한 한계를 극복하고자 등장한 것이 코퍼스 기반 사전이다.

대표적인 예는 영국 버밍엄 대학교의 John Sinclair가 주도한 『Collins COBUILD English Dictionary』이다. 이 사전은 Bank of English(BOE) 코퍼스를 기반으로 세계 최초로 실제 사용 예문(authentic examples)을 제시한 사전으로 평가된다. Sinclair(1991)는 사전의 정의는 직관이 아니라 실제 자료에 기반해야 한다고 강조하며, 이를 사전 편찬의 새로운 표준으로 제시했다.

현대 코퍼스 기반 사전은 다음과 같은 특징을 갖는다.

- 단어의 의미·용법·문법 구조를 **실제 사용 빈도**에 따라 기술
- 코퍼스에서 추출한 **자연스러운 예문** 제공
- *take a look, take responsibility* 등과 같은 **연어**를 명시적으로 제시
- *suggest, allow* 등 문법적 특성이 중요한 단어는 **문형(pattern)**과 함께 기술

이러한 변화는 학습자와 교사, 연구자 모두에게 신뢰할 수 있는 영어 정보를 제공하며, 사전을 단순한 단어 목록이 아닌 **영어 사용의 실증적 기록(empirical record)**으로 재정의했다.

나) 영어 교재 개발: 실제 사용 기반의 학습 자료

코퍼스는 현대 영어 교육의 교재 개발 방식도 근본적으로 변화시켰다. 과거 교재가 문법 규칙이나 인위적인 예문을 중심으로 구성되었다면, 코퍼스 기반 교재는 실제 영어(real English)에서 확인되는 **고빈도 표현, 연어, 담화 패턴**을 중심으로 설계된다.

O'Keeffe, McCarthy와 Carter(2007)는 이를 영어 교육의 현실화를 가능하게 하는 전환으로 설명한다. 다음과 같은 변화가 대표적이다.

① 고빈도 표현 중심의 구성

코퍼스 분석을 통해 원어민이 일상적 담화에서 자주 사용하는 표현을 직접 제시한다.

예: *you know, I mean, sort of, actually* 등.

② 장르별·수준별 맞춤 자료 제공

- 구어 코퍼스 → 일상 대화 중심 표현을 초급 교재에 반영
- 학술 코퍼스 → *method, result, evidence*와 같은 핵심 학술 어휘를 고급 교재에 반영

③ 학습자 코퍼스를 활용한 오류 분석

학습자가 자주 범하는 오류를 분석해 맞춤형 교육 자료로 반영할 수 있다.

예: *make a photo* → *take a photo*로 교정.

Hunston(2002)은 이러한 접근을 교사의 직관을 데이터로 보완하는 과학적 교육 설계라고 평가한다. 이처럼 코퍼스는 교재를 실제 의사소통 상황에 더 가깝게 만들고, 학습자의 영어 사용 능력을 향상시키는 기반이 된다.

다) 뉴스 분석 및 미디어 연구: 사회적 의미 구성 탐구

코퍼스는 영어 연구를 넘어 사회·문화 담론 분석에도 적극 활용된다. 뉴스나 미디어 텍스트는 사회의 가치와 인식이 영어적으로 표현되는 중요한 자료이며, 코퍼스를 활용하면 언론이 특정 사안을

어떤 방식으로 재현하고 있는지 실증적으로 분석할 수 있다.

예를 들어 *immigrant*라는 단어가 뉴스 코퍼스에서 *problem, burden*과 자주 결합된다면, 해당 시기의 언론이 이민 문제를 부정적 시각으로 다루고 있음을 시사한다. 반대로 *contribution, diversity* 등과 결합한다면 보다 포용적·기여 중심의 프레이밍을 확인할 수 있다.

Hunston(2002)과 Baker(2006)의 연구는 이러한 키워드·연어 분석이 **담화의 시각(point of view), 사회적 평가(evaluation), 이데올로기(ideology)**를 탐구하는 데 매우 효과적임을 보여 준다. 특히 다음과 같은 작업이 가능하다.

- **키워드 분석**: 특정 시기·사건의 주요 관심사를 데이터로 도출
- **연어 분석**: 특정 집단(예: 여성, 이민자, 노인)에 대한 사회적 이미지 분석
- **장르 비교**: 보수·진보 신문의 표현 차이 비교
- **시간 흐름 분석**: 특정 이슈에 대한 언론 인식의 변화를 장기적으로 추적

이러한 코퍼스 기반 미디어 분석은 영어와 사회의 관계를 객관적으로 밝히며, 사회영어학·미디어 연구·정책 분석 등 다양한 분야에서 활용된다.

5) 요약

코퍼스 영어학은 영어를 '규칙의 체계'로만 이해하던 전통적 시각에서 벗어나, **영어 사용의 실제(real usage)**를 중심에 두고 영어를 탐구하도록 이끈다. 코퍼스를 통해 우리는 단어·구문·문장·담화 등 다양한 수준에서 나타나는 영어의 빈도와 패턴을 실증적으로 확인할 수 있으며, 이를 통해 영어의 구조와 기능을 보다 현실적으로 이해할 수 있다. Kennedy(1998)는 코퍼스를 영어의 실제 사용

을 드러내는 실험실(laboratory)로 보며, 코퍼스가 영어 연구에 객관성과 재현성을 부여한다고 설명한다.

코퍼스 분석의 주요 방법은 네 가지로 요약할 수 있다.

첫째, **워드리스트** 분석은 특정 코퍼스에서 어떤 단어가 얼마나 자주 등장하는지를 보여 준다. 이를 통해 텍스트의 기본 어휘적 특성을 파악할 수 있다.

둘째, **키워드** 분석은 비교 대상 코퍼스보다 상대적으로 높게 나타나는 단어를 도출하여, 텍스트의 주제·관점·담화적 특징을 파악하게 한다. Hunston(2011)은 키워드를 텍스트의 영어적 지문이라 설명하며, 텍스트의 의미 구조를 밝히는 핵심 방법으로 본다.

셋째, **엔그램** 분석은 연속된 단어들의 반복적 결합을 통해 담화에서 자주 나타나는 관용적 표현이나 상용구를 확인하게 한다. 이는 영어의 자동화된 패턴을 보여주며, 자연스러운 표현 학습에도 유용하다.

넷째, **연어** 분석은 특정 단어가 어떤 단어와 자주 함께 쓰이는지 드러내어, 단어의 의미적 경향(semantic prosody)과 실제 사용 맥락을 이해하게 한다.

이러한 분석 방법은 상호보완적으로 작용하여, 영어가 고정된 규칙의 집합이 아니라 **사용과 반복 속에서 형성되는 습관적 체계(habitual system)** 임을 밝힌다. 영어의 규칙성은 사용의 통계적 경향 속에서 드러나며, 이러한 관찰은 문법·어휘·담화 연구뿐 아니라 사전 편찬·교재 개발·번역·미디어 분석 등 다양한 응용 분야로 확장된다.

코퍼스는 단순한 데이터 집합이 아니라, 영어가 사회적·문화적 맥락 속에서 어떻게 쓰이고 의미를 구성하는지를 보여주는 실증적 근거이다. Sinclair(1991)가 말했듯, 영어의 본질은 사용 속에 있다.

코퍼스는 바로 그 '사용의 흔적'을 가장 충실하게 기록하는 도구이며, 이를 통해 우리는 영어의 빈도, 패턴, 의미, 맥락을 보다 정확하게 이해할 수 있다.

다 코퍼스 영어학의 주요 응용 분야

1) 들어가기

코퍼스 영어학은 오늘날 영어 연구의 방법론적 전환을 이끄는 핵심 학문으로 자리하고 있다. 과거 영어 연구가 문법 규칙과 이론 중심의 기술에 초점을 두었다면, 코퍼스 영어학은 **실제 영어 사용의 증거(evidence)**를 기반으로 영어를 관찰하고 설명하는 실증적 접근을 제시한다. 이로써 영어학은 '영어를 규칙으로 설명하는 학문'에서 '영어가 어떻게 사용되는지를 이해하고 활용하는 학문'으로 중심축을 이동하게 되었다.

Lüdeling과 Kytö(2008)는 코퍼스 영어학을 학문과 현실을 잇는 다리라고 표현하며, 코퍼스가 다양한 분야에서 도구적·이론적 역할을 동시에 수행한다고 설명한다. 즉, 코퍼스는 연구자에게는 실제 영어 자료의 분석 기반을, 실천 분야(교육·번역·기술 등)에는 신뢰할 수 있는 영어 데이터를 제공한다.

코퍼스의 응용 영역은 매우 폭넓다. 그중에서도 가장 핵심적인 영역은 **영어 교육**이다. 코퍼스를 활용하면 학습자가 실제 영어 환경에서 접하는 어휘·표현·문법 패턴을 분석하여, 교재나 수업이 보다 '진짜 영어(real English)'를 반영하도록 만들 수 있다. 예를 들어, BNC나 Cambridge English Corpus를 활용한 빈도 분석은 수준별 어휘 선정과 문법 항목 구성의 근거가 된다. Sinclair(2004)는 코퍼스는 교실 안의 영어를 현실의 영어로 바꾸는 도구라고 강조하며, 코퍼스 기반 영어 교육의 가치를 분명히 했다.

또한 코퍼스는 **통번역 연구**에서도 중요한 역할을 맡는다. 병렬 코퍼스를 활용하면 특정 단어나 구문이 실제 번역 과정에서 어떤 방식으로 대응되는지 체계적으로 분석할 수 있다. Kennedy(1998)는 이를 영어 간 의미 관계를 실증적으로 탐구할 수 있는 방법이라 설명하며, 번역 교육과 기계 번역 시스템 개발의 핵심 자원으로 평가한다.

나아가 코퍼스는 **사회·문화 담화 분석**의 도구로도 널리 활용된다. 뉴스, 정치 연설, 소셜 미디어 자료를 코퍼스로 구축하면, 특정 집단이나 이슈가 어떤 어휘와 표현을 통해 사회적으로 구성·재현되는지를 객관적으로 파악할 수 있다. 이 연구는 영어를 통해 사회적 가치, 이데올로기, 문화적 담론이 어떻게 형성되는지 밝히는 데 중요한 근거가 된다.

마지막으로, AI와 NLP 분야에서도 코퍼스는 핵심적 기반이다. 대규모 영어 모델은 코퍼스를 학습하여 인간 영어의 패턴과 의미 관계를 통계적으로 예측하며, 이는 번역기·음성인식·챗봇과 같은 영어 기술의 성능을 좌우한다. Lüdeling과 Kytö(2008)는 코퍼스를 AI 시대의 영어적 설계도라고 평가하며, 영어학과 기술의 교차점에서 새로운 가능성을 연다고 설명한다.

결국 코퍼스 영어학은 영어의 구조와 기능을 탐구하는 학문이자, 교육·번역·사회 분석·기술 개발을 연결하는 실천적 연구 기반이다. 이어지는 절에서는 이러한 응용 분야를 보다 구체적으로 살펴보며, 코퍼스가 현대 사회와 영어 연구에 어떤 기여를 하고 있는지 단계적으로 확인하고자 한다.

2) 영어 교육

코퍼스 영어학은 영어 교육의 패러다임을 근본적으로 바꾸어 놓았다. 과거 영어 교육이 문법 규칙과 인위적 예문 중심으로 구성되었다면, 오늘날의 교육은 실제 영어 사용에 기반한 **사용 중심(language use-oriented)** 접근으로 전환되고 있다. Kennedy (1998)는 코퍼스가 영어 교육을 이론이 아닌 현실로 끌어내린 도구라고 표현하며, 학습자가 '배운 영어(learned English)'가 아니라 '사용되는 영어(used English)'를 익히게 한다는 점을 강조한다.

코퍼스는 교재 개발, 학습자 오류 분석, 수업 설계, 자율 학습 등 교육의 전 과정에서 중요한 역할을 수행한다. 아래에서는 이러한 변화를 세 영역 ① 실제 영어 사용 기반의 교재 및 자료 개발, ② 학습자 코퍼스 분석을 통한 오류 분석 및 교수법 개선, ③ 코퍼스 활용 수업 및 자율 학습으로 나누어 살펴본다.

가) 실제 영어 사용 기반의 교재 및 자료 개발

코퍼스를 활용한 교재는 실제 영어(real English)의 빈도와 패턴을 기반으로 구성된다. 과거 교재가 직관에 의존했다면, 코퍼스 기반 교재는 원어민이 실제 담화에서 사용하는 표현과 문법 구조를 **데이터로 확인**한 뒤 반영한다는 점에서 차별된다.

① 고빈도 어휘·표현 중심의 구성

대규모 코퍼스(BNC, COCA 등)를 분석하면 실제 대화에서 자주 나타나는 어휘와 담화 표지어(discourse markers)를 체계적으로 확인할 수 있다. 예를 들면:

- *you know, I mean, sort of, actually* 등 구어적 패턴
- *really, kind of, pretty*와 같은 담화적 강조 표현

과거 문법 중심 교재에서는 잘 다루지 않던 표현이지만, 실제 의사소통에서는 필수적인 구성 요소들이다.

② 장르별·수준별 맞춤 학습 자료

코퍼스는 학습자 수준에 따라 필요한 어휘와 문법을 선별하도록 돕는다.

- 초급 교재: *go home, have lunch, see you soon* 등 일상적 고빈도 표현
- 중급·고급 교재: academic writing에서 자주 쓰이는 *It is widely accepted that ..., result in, evidence suggests* 등의 표현

O'Keeffe, McCarthy와 Carter(2007)는 이러한 접근을 목표 영어 환경을 교실 안으로 가져오는 과정이라고 설명한다.

③ 실제 용례 중심의 자연스러운 예문 제시

코퍼스 기반 교재는 자연발화(real utterances)를 예문으로 제시하기 때문에, 학습자는 '문법적으로 옳은 문장'이 아니라 '실제 상황에서 쓰이는 문장'을 접하게 된다.

나) 학습자 코퍼스 분석을 통한 오류 분석 및 교수법 개선

학습자 코퍼스(learner corpus)는 학습자의 실제 작문·발화를 체계적으로 수집한 자료로, 학습자의 영어 사용 양상을 실증적으로 분석할 수 있다. Nesselhauf(2005)는 학습자 오류는 개인적 실수가 아니라, 학습자의 모국어 전이(language transfer)나 학습 단계의 특성과 관련된 **체계적 경향**일 수 있다고 지적한다.

① 오류 유형의 객관적 진단

학습자 코퍼스를 분석하면 다음과 같은 공통 오류가 명확히 드러난다.

- 관사(*the, a*) 사용의 불일치

- 전치사 선택 오류
- 시제 일관성 부족
- 연어 오류: *make a photo → take a photo*

특히 연어 오류는 문법적 지식만으로는 해결하기 어려운 영역이며, 실제 사용 패턴을 반복적으로 관찰해야 자연스러운 결합을 익힐 수 있다.

② 교수·교재 설계에의 활용

교사는 학습자 코퍼스 분석 결과를 바탕으로, 특정 학습자 집단의 약점을 보완하는 **맞춤형 교수 전략**을 설계하고, 실제 필요한 표현 중심의 **목표 지향적 교재(targeted materials)**를 제작할 수 있다.

Hunston(2002)은 코퍼스가 교사의 직관을 데이터로 보완하는 도구라고 설명하며, 근거 기반 수업(evidence-based pedagogy)의 중요성을 강조한다.

다) 코퍼스 활용 수업 및 자율 학습

코퍼스는 교수자뿐 아니라 학습자에게도 강력한 학습 도구이다. 학습자가 직접 코퍼스를 탐색하여 특정 단어나 구문이 실제로 어떻게 쓰이는지 확인하는 활동은 **발견 중심 학습(discovery learning)**을 촉진한다. Johns(1991)는 이를 학습자가 교사의 설명을 수동적으로 받는 존재에서, 영어를 탐구하는 '조사자(explorer)'로 변화하는 과정이라고 설명한다.

① 수업에서의 활용

교사는 학습자에게 다음과 같은 탐구 활동을 제시할 수 있다.

- *depend, result, suggest* 등 특정 단어를 검색해 실제 사용 패턴 비교

- 학습자의 오류 문장을 코퍼스 검색으로 직접 검증
- 특정 담화 유형(뉴스, 학술 글쓰기 등)의 대표 문형(pattern) 비교

이러한 활동은 학습자가 영어 규칙을 '암기'하는 것이 아니라, **스스로 발견**하도록 유도한다.

② 자율 학습(self-directed learning) 촉진

학습자는 Concordancer 등을 활용해 자신이 궁금한 표현의 실제 용례를 직접 검색할 수 있다. 예를 들어,

- *result in vs. result from*의 의미 차이
- *likely to*와 *be likely that*의 용법 차이

자율 탐색을 반복할수록 학습자는 영어에 대한 언어적 인식(language awareness)을 강화하고, 보다 자연스러운 표현 선택이 가능해진다.

3) 통번역

코퍼스 영어학은 오늘날 번역과 통번역 연구 및 실무에서 가장 중요한 혁신 동력 가운데 하나이다. 과거 번역은 번역가의 경험과 직관에 크게 의존하는 영역으로 여겨졌으나, 코퍼스 영어학의 발전은 번역 과정을 **데이터 기반의 분석과 검증이 가능한 실증적 연구 영역**으로 확장시켰다. Baker(1993)는 코퍼스 영어학이 번역학(translation studies)에 과학적 엄밀성과 객관성을 부여한 전환점이라고 평가한다.

코퍼스는 크게 **병렬 코퍼스(parallel corpus)**, **번역 코퍼스(translator corpus)**, **용어집·번역 메모리(Translation Memory, TM)**의 구축에 활용되며, 이 세 영역은 번역의 품질·일관성·효율성을 높이는 핵심 기반이다.

가) 병렬 코퍼스를 활용한 번역 연구

병렬 코퍼스는 원문(source text)과 번역문(target text)을 문장 단위로 정렬(alignment)한 자료로, 두 언어 간 의미 대응(equivalence)을 실증적으로 탐구하는 데 가장 효과적인 도구이다. 예를 들어 영어 문장 '*She took responsibility for the failure.*'가 한국어로 '그녀는 실패에 대한 책임을 졌다'로 번역되는 사례가 축적되면, *take responsibility*라는 표현이 어떤 문맥에서 '책임을 지다/맡다/감수하다' 등의 번역으로 실현되는지를 명확히 비교할 수 있다.

Baker(1993)는 병렬 코퍼스를 번역 이론에서 논의되던 의미 대응의 문제를 실제 데이터로 검증할 수 있는 유일한 방법이라 설명한다. 이를 통해 번역가는 특정 표현이 어떤 상황에서 어떤 한국어 표현과 자연스럽게 대응되는지 파악할 수 있다.

또한 병렬 코퍼스는 번역 교육에서도 중요한 학습 자료이다. 예비 번역가들은 다양한 번역 사례를 비교·분석함으로써, 문맥·담화 기능·문화적 요소가 번역 선택에 어떤 영향을 미치는지 실질적으로 이해할 수 있다.

나) 번역 코퍼스를 통한 번역 스타일과 전략 분석

번역 코퍼스(translator corpus)는 특정 번역가 또는 다수 번역가가 실제 작업에서 생산한 번역 텍스트를 수집한 자료로, 번역가의 언어적 선택과 번역 스타일을 분석하는 데 활용된다. Baker(1993)는 번역문에는 원문과 구별되는 고유한 특징이 나타난다고 하며, 이를 번역된 언어(translated language)의 일반적 경향으로 설명한다.

예를 들어 번역문에서는 원문보다 더 명시적인(explicit) 표현을 사용하거나, 문장을 단순화(simplification)하거나, 연결어를 과도하게 사용하는 경향이 발견된다. 이는 번역가가 의미 전달의 명료성을 확보하려는 전략적 선택의 결과일 수 있다.

번역 코퍼스는 다음과 같은 분석을 가능하게 한다.

- 특정 번역가의 **개인적 언어 습관** 파악
- 번역 전반에 나타나는 **보편적 경향(universal tendencies)** 탐색
- 언어 간 전이나 간섭(interference) 현상 분석
- 문화적 조정(cultural mediation)의 방식 비교

Zanettin(2000)은 번역 코퍼스를 번역가의 무의식적 언어 선택을 드러내는 거울이라고 표현하며, 번역 교육에서 매우 유용한 자원이라고 평가한다.

다) 용어집 및 번역 메모리 구축

코퍼스는 전문 분야 번역에서 핵심적인 **용어 일관성(terminological consistency)**을 확보하는 데 중요한 역할을 한다. 특정 분야(법률, 의학, 공학 등)의 병렬 코퍼스를 분석하면, 반복해서 등장하는 전문 용어를 추출하고, 그 표준 번역을 정립할 수 있다.

예를 들어,

- *negligence* → '과실'
- *jurisdiction* → '관할권'
- *environmentally friendly* → '친환경적'

과 같이 코퍼스 기반 용어집은 번역가의 경험 차이를 줄이고, 번역 품질을 일정한 수준으로 유지하게 한다.

이러한 작업은 곧 **번역 메모리(Translation Memory, TM)** 구축으로 이어진다. TM은 이전에 번역된 문장과 대응 문장을 데이터베이스로 저장해 두었다가, 새로운 번역 과정에서 유사 문장이 등장하면 이를 제안하는 기능을 한다. TM은 반복 번역을 줄여 효율을 높일 뿐 아니라, 문서 전체의 용어·문체 일관성을 유지하는 데

매우 효과적이다.

Kenny(2001)는 TM을 인간 번역가의 경험과 데이터 기반 분석이 결합된 지식 자산이라고 설명한다.

4) 사회·문화 담화 분석

영어는 단순한 의사소통 수단을 넘어, 사회적 관계를 구성하고 문화적 가치를 반영하는 매개체이다. 따라서 영어를 탐구한다는 것은 사회와 문화를 이해하는 일과 직결된다. 코퍼스 영어학은 방대한 실제 텍스트 속에서 반복되는 영어의 선택과 패턴을 분석함으로써, 사회가 특정 주제를 어떻게 바라보고 재현하는지를 실증적으로 탐구할 수 있게 한다. Baker(2006)는 코퍼스는 사회가 영어를 통해 자신을 표현하는 방식을 비추는 거울이라고 설명하며, 코퍼스 기반 사회·문화 연구의 중요성을 강조한다.

가) 미디어 담화 분석: 사회적 인식과 이데올로기의 영어적 재현

코퍼스를 활용한 미디어 담화 분석은 언론·방송·온라인 매체에서 사용되는 영어를 체계적으로 수집하여, 특정 이슈가 어떤 어휘·문법·담화 패턴을 통해 표현되는지 탐구하는 방법이다.

예를 들어 뉴스 코퍼스에서 ***immigrant***라는 단어가 *problem, burden, illegal*과 함께 자주 나타난다면, 그 시기 언론이 이민 문제를 부정적 프레임으로 다루었음을 시사한다. 반면 *contribution, diversity, community* 등과 결합한다면 보다 긍정적·포용적 서사가 구성되고 있음을 보여 준다.

Mautner(2009)는 이를 영어의 빈도와 반복에 숨어 있는 사회적 권력과 이데올로기의 흔적을 드러내는 창이라고 설명하며, 코퍼스 분석이 담화 연구의 주관성을 보완한다고 지적한다. 특히 다음과 같은 분석이 가능하다.

- **키워드 분석**: 특정 시기·이슈가 어떤 핵심 어휘로 재현되는지 확인
- **연어 분석**: 특정 집단(이민자·여성·장애인 등)에 대한 사회적 이미지 분석
- **보수/진보 매체의 차이 분석**: 어휘 선택·문장 구조·인용 방식 비교
- **시간 흐름 분석**: 사회적 인식의 변화 추적(AIDS 담화, 여성권 담화 등)

이러한 접근은 영어가 사회적 편견과 가치 체계를 어떻게 강화하거나 도전하는지를 데이터 기반으로 보여 준다.

나) 사회영어학적 변이 연구: 사회적 요인에 따른 영어 사용 차이

코퍼스는 성별, 연령, 지역, 계층 등 사회적 요인에 따라 영어가 어떻게 달라지는지 탐구하는 데 유용한 도구이다. 사람들은 사회적 정체성에 따라 서로 다른 방식으로 영어를 사용하며, 이러한 차이는 반복을 통해 일정한 영어적 패턴을 이루게 된다.

예를 들어 젊은 화자의 담화에서는 *like, you know, literally*와 같은 담화표지어가 자주 나타나는 반면, 중·장년층 화자의 담화에서는 보다 형식적 표현이나 문장 구조가 선호되는 경향이 있다. Murphy(2010)는 이러한 차이가 단순한 영어 습관이 아니라 **세대별 영어 태도와 문화적 정체성을 반영하는 지표**라고 말한다.

또한 지역 방언 코퍼스를 이용하면, 영국 북부 화자가 *I were*, 남부 화자가 *I was*를 선호하는 것처럼 지역별 영어 변이가 통계적으로 드러난다. Kennedy(1998)는 이러한 영어 변이를 영어와 사회의 상호작용이 남긴 문화적 흔적이라고 설명한다.

다) 역사 코퍼스를 통한 영어 변화 연구

역사 코퍼스(historical corpus)는 과거 시대의 텍스트를 수집하여 영어 변화의 흐름을 추적하는 데 사용된다. 영어는 시대의 변화와 함께 새로운 어휘가 등장하고, 기존의 의미가 확장·축소되며, 문법 구조 또한 변해 간다.

예를 들어 *awful*은 18세기에는 '경외심을 불러일으키는(awe-inspiring)'이라는 긍정적 의미로 사용되었으나, 현대 영어에서는 '끔찍한(terrible)'이라는 부정적 의미로 변화했다. 이러한 의미 변화는 역사 코퍼스를 통해 시기별 사용 양상을 추적함으로써 명확히 확인할 수 있다.

Studer(2008)는 역사 코퍼스를 영어 변화의 방향성과 속도를 수치화하여 보여주는 실험실이라 표현하며, 역사적 사건·사회 변화와 영어 변화를 함께 분석할 수 있다는 점에서 그 의의를 강조한다.

라) 담화 분석의 확장적 의미: 영어·사회·권력의 상호작용 탐구

코퍼스 기반 담화 분석은 단순히 빈도나 패턴을 관찰하는 데 그치지 않고, 영어를 통해 **사회적 권력(power), 이데올로기(ideology), 정체성(identity)**이 어떻게 구성되는지를 탐구하는 비판적 분석으로 확장된다. Baker(2006)는 코퍼스가 질적 연구와 양적 연구를 잇는 다리라고 하며, 반복되는 어휘 선택 속에 사회의 가치·태도가 반영된다고 설명한다.

예를 들어 특정 집단이 지속적으로 부정적 맥락에서 언급된다면, 이는 사회적 불평등이 영어를 통해 재생산되는 사례로 해석될 수 있다. 코퍼스 분석은 이러한 논의를 객관적 자료에 기반해 전개함으로써, 사회적 문제를 보다 정밀하게 이해할 수 있게 한다.

결국 코퍼스 영어학은 사회와 문화를 해석하는 '영어의 과학'이며, 영어의 작은 흔적 속에서 사회의 큰 흐름을 읽어내는 섬세한 학문적 렌즈이다.

5) AI와 영어 데이터

오늘날 AI의 발전은 영어 데이터의 가치와 역할을 새롭게 조명하고 있다. AI 기술의 핵심에는 인간의 영어를 이해하고 생성하는 능력이 있으며, 그 기반은 대규모 코퍼스이다. McEnery와 Hardie(2012)는 코퍼스 영어학을 AI 영어 처리의 출발점이자 품질을 결정하는 핵심 기반으로 설명하며, AI가 영어를 학습하는 과정은 곧 코퍼스 영어학의 원리를 확장·응용하는 작업이라고 말한다.

AI가 인간의 영어를 다룰 수 있는 이유는, 실제 영어 데이터에서 관찰되는 패턴과 빈도를 체계적으로 학습하기 때문이다. 번역기·음성 인식기·대화형 AI(chatbot)는 모두 방대한 코퍼스 자료를 기반으로 문맥, 의미, 발화 구조를 추론한다. 다시 말해, AI의 영어 능력은 인간 영어의 사용 흔적이 축적된 코퍼스에 의해 형성된다.

가) NLP의 기반: 코퍼스의 역할

NLP는 컴퓨터가 인간의 영어를 이해·분석·생성하도록 하는 기술이며, 영어의 실제 사용 데이터를 기반으로 작동한다. Kennedy (1998)는 코퍼스를 영어 규칙을 기술하는 도구가 아니라, 영어가 실제로 어떻게 쓰이는지를 보여주는 자료의 보고라고 설명하며, AI가 영어를 학습하는 과정은 코퍼스의 패턴을 통계적으로 해석하는 과정임을 지적한다.

예를 들어, NLP 모델은 다음과 같은 정보를 코퍼스에서 학습한다.

- 단어 간 의미적·통사적 관계
- 빈도 기반의 표현 경향
- 구문 구조(syntax)와 문형(pattern)

- 연어와 담화 표지어(discourse markers)
- 발화의 변이(억양·속도·발음 차이)를 포함한 음성 자료의 패턴

이러한 패턴은 인간이 영어를 사용하는 방식 그대로를 반영하기 때문에, 코퍼스의 품질과 구성은 AI 성능에 직접적인 영향을 미친다.

나) 기계 번역(machine translation)과 병렬 코퍼스

기계 번역 기술의 발전은 전적으로 **병렬 코퍼스(parallel corpus)**의 존재에 기반한다. 초기 시스템은 규칙 기반(rule-based) 방식이었으나, 오늘날의 번역기는 수억 문장 규모의 병렬 코퍼스를 학습하여 문맥에 따른 자연스러운 번역을 생성한다.

예를 들어 *He runs a company.*를 번역할 때, AI는 run이 '달리다'가 아니라 '운영하다'의 의미로 쓰였음을 수많은 코퍼스 사례를 통해 학습한다. Schmidt(2012)는 병렬 코퍼스를 영어 간 의미 대응을 실증적으로 학습하게 하는 핵심 자원이라 평가한다.

기계 번역은 이제 단순한 단어 치환이 아니라 문맥·장르·담화 기능까지 반영하는 수준으로 발전하고 있으며, 이는 모두 코퍼스 기반 통계·신경망 학습 덕분이다.

다) 대화 코퍼스와 챗봇(chatbot) 개발

대화형 AI는 사람이 일상 대화에서 사용하는 표현, 응답 구조, 감정적 반응 등을 대규모 대화 코퍼스(conversational corpus)를 통해 학습한다.

예를 들면,

- *I'm sorry to hear that.*
- *That sounds great!*

• *You might want to try ...*

이러한 표현들은 문법적으로만 옳은 문장이 아니라, 실제 담화에서 반복적으로 나타나는 **패턴화된 영어(formulaic sequences)**이다. 챗봇이 자연스러운 상호작용을 수행할 수 있는 것은 이러한 반복 패턴을 코퍼스에서 직접 학습했기 때문이다.

Schmidt(2012)는 챗봇의 영어 능력을 인간 대화의 반복적 구조를 통계적으로 재현한 결과라고 설명한다.

라) 영어 데이터의 정제(cleaning)와 주석(annotation): AI 학습의 품질을 결정하는 요소

AI가 코퍼스를 학습하기 위해서는 데이터의 **정제(cleaning)**와 **주석(annotation)** 과정이 필수적이다. 원시(raw) 텍스트는 철자 오류, 중복, HTML 태그 등 다양한 노이즈를 포함하고 있어, 정제되지 않은 상태로는 AI가 영어 규칙을 정확히 학습하기 어렵다.

정제된 텍스트에는 다음과 같은 주석이 체계적으로 부여된다.

- **품사 태그(POS tagging)**: 단어의 문법적 기능 파악
- **구문 구조(syntactic parsing)**: 문장의 계층적 구조 분석
- **의미역 주석(semantic role labeling)**: 행위자·대상·수혜자 등 의미 역할 정보
- **담화 주석(discourse annotation)**: 연결 관계·담화 기능 분석

Leech(1997)는 주석 코퍼스를 영어 데이터에 구조와 의미를 부여하여, 기계가 사람처럼 영어를 이해할 수 있게 하는 기술적·영어학적 다리라고 설명한다.

주석의 품질이 곧 AI 출력의 자연스러움과 정확성을 좌우하기 때문에, 코퍼스 영어학은 AI 학습의 영어적 기반을 설계하는 역할을 담당한다.

마) AI 시대의 코퍼스 영어학: 기술과 인문학의 교차점

AI와 코퍼스 영어학의 결합은 단순한 기술적 진전이 아니라, 인간 영어의 본질을 데이터 기반으로 이해하는 새로운 가능성을 열었다. 코퍼스가 영어의 실제 사용을 기록한다면, AI는 이를 기반으로 영어를 생성·해석하는 지능을 구현한다. 이 과정에서 코퍼스 영어학은 다음과 같은 역할을 수행한다.

- **AI 영어 모델의 학습 기반 제공**
- **데이터 편향(bias) 검증 및 윤리적 점검**
- **영어의 사회·문화적 다양성 반영을 위한 설계 기준 제시**
- **영어 이해의 구조적 패턴을 이론적으로 설명하는 학문적 기반 제공**

Gerbig(2010)는 영어 데이터의 선택은 기술적 행위이자 사회적 결정이라고 말하며, AI 시대의 코퍼스 영어학이 단순한 영어 자원 관리가 아니라 윤리적·문화적 책임을 포함한 학문임을 강조한다.

6) 요약

코퍼스 영어학은 단순히 영어를 분석하는 도구를 넘어, **영어를 매개로 인간의 사고·사회·기술이 만나는 접점**을 형성하며 현대 영어 연구의 지평을 확장하고 있다. Kennedy(1998)는 코퍼스 영어학이 영어 연구의 객관성과 실증성을 확보함으로써, 다른 학문 영역과의 융합을 촉진하는 새로운 길을 열었다고 평가한다.

코퍼스는 영어 교육, 번역·통번역, 사회·문화 담화 분석, AI 영어 처리 등 다양한 분야에서 실질적 변화를 이끌고 있다.

① 영어 교육

코퍼스는 실제 영어 사용 데이터를 바탕으로 한 **사용 중심 교수·학습**을 가능하게 한다.

- 고빈도 어휘·표현의 선별

- 실제 용례 기반의 교재 제작
- 학습자 코퍼스를 활용한 오류 진단
- 발견 중심 학습(DDL)을 통한 자율성 강화

Sinclair(2004)가 말했듯, 코퍼스는 교실 안의 영어를 현실의 영어로 바꾸는 도구이다.

② 통번역

코퍼스는 번역을 직관 중심에서 **근거 기반 전문 작업**으로 확장한다.

- 병렬 코퍼스를 통한 영어 간 대응 관계 분석
- 번역 코퍼스를 통한 번역가의 스타일·전략 탐구
- 용어집·번역 메모리 구축을 통한 일관성·효율성 확보

이는 인간 번역과 기계 번역 모두에 중요한 품질 기반을 제공한다.

③ 사회·문화 담화 분석

코퍼스를 통해 사회가 특정 이슈를 어떻게 재현하는지 실증적으로 탐구할 수 있다.

- 미디어 담화 속 어휘 선택과 프레이밍 분석
- 성별·연령·지역에 따른 사회영어학적 변이 연구
- 역사 코퍼스를 통한 영어 변화와 사회 변화의 연계 탐구

영어는 사회적 가치와 이데올로기를 반영하며, 코퍼스는 이러한 흐름을 객관적으로 드러낸다.

④ AI와 NLP

AI 영어 모델의 학습 기반은 코퍼스이다.

- 병렬 코퍼스 학습을 통한 기계 번역의 고도화
- 대화 코퍼스를 통한 자연스러운 챗봇 상호작용 구현
- 품사·구문·의미 주석을 포함한 정제된 코퍼스를 활용한 NLP

기술 발전

McEnery와 Hardie(2012)는 코퍼스를 AI 영어 이해의 설계도로 보며, 코퍼스가 기술 발전의 질을 결정한다고 강조한다.

7) 추천 활동

코퍼스 영어학의 응용 분야를 직접 체험하면, 코퍼스가 실제 영어 연구·교육·사회 분석에서 어떻게 활용되는지 더욱 명확히 이해할 수 있다. 아래의 활동들은 학습자가 데이터를 기반으로 영어를 탐구하는 경험을 제공하며, 코퍼스 영어학적 사고를 자연스럽게 익히도록 설계되었다.

가) 교재 분석: 교재 예문과 실제 사용 빈도 비교하기

현재 사용 중인 영어 교재에서 문법 설명이나 어휘 예문을 하나 선택한 뒤, COCA나 BNC와 같은 대규모 코퍼스에서 해당 표현이 얼마나 자주, 어떤 맥락에서 사용되는지 검색해 본다.

① 활동 절차

1. 교재에서 예문 또는 특정 표현을 선택한다.
2. COCA/BNC에 접속하여 해당 표현을 검색한다.
3. 사용 빈도, 장르 분포, 예문 맥락 등을 확인한다.
4. 교재 예문이 실제 영어 사용을 얼마나 반영하는지 분석한다.

② 기대 효과

- 교재의 예시가 실제 영어와 어느 정도 일치하는지 비판적으로 평가할 수 있다.
- 학습자는 '문법적으로 옳은 영어'와 '실제로 사용되는 영어'의 차이를 이해하게 된다.

나) 번역 비교: 기계 번역과 인간 번역의 차이 분석하기

짧은 영어 텍스트를 선택하여 기계 번역기(Google Translate, Papago 등)로 번역한 뒤, 전문 번역가의 번역이 포함된 병렬 코퍼스와 비교한다.

① 활동 절차

1. 짧은 문단 또는 문장을 선택한다.
2. 기계 번역 도구로 번역한다.
3. Open Parallel Corpus(OPUS) 등 병렬 코퍼스를 활용해 전문 번역 사례와 비교한다.
4. 기계 번역의 강점과 한계를 정리한다.

② 기대 효과

- 기계 번역이 잘 처리하는 영역과 오류가 발생하는 영역을 구체적으로 이해하게 된다.
- 번역에서 문맥·문화 요소가 왜 중요한지 인식할 수 있다.

다) 사회 담론 연구: 특정 시기 신문 코퍼스 구축 후 키워드 분석하기

관심 있는 사회 이슈(팬데믹, 기후 변화, 선거 등)를 중심으로 특정 시기의 신문 기사들을 모아 작은 코퍼스를 구축한다. 이후 키워드를 추출하여 해당 시기의 사회적 관심사와 담론을 분석한다.

① 활동 절차

1. 특정 주제를 선정한다.
2. 관련 신문 기사 10~20편을 수집한다.
3. 코퍼스 분석 도구로 키워드를 생성한다.
4. 키워드 주변 문맥(concordance lines)을 분석한다.
5. 키워드가 반영하는 사회적 인식·담론을 정리한다.

② 기대 효과

- 사회적 이슈가 영어를 통해 어떻게 표현되고 구성되는지 체감할 수 있다.
- 담화 분석의 기본 절차를 실습하며 코퍼스 영어학의 사회적 확장성을 경험한다.

라) AI 체험: 챗봇·번역기 생성 문장에서 코퍼스 흔적 찾기

챗봇(ChatGPT, Gemini 등) 또는 번역기가 생성한 문장을 분석하여, 어떤 코퍼스 기반 학습의 흔적이 나타나는지 탐색한다.

① 활동 절차

1. 챗봇에게 특정 주제로 글 또는 대화를 생성하도록 요청한다.
2. 생성된 문장에서 자주 나타나는 표현·문형·연어를 확인한다.
3. 이러한 표현이 실제 코퍼스에서도 자주 등장하는지 검색한다.
4. AI 출력과 코퍼스 패턴의 상관성을 정리한다.

② 기대 효과

- AI 영어 생성이 코퍼스 기반 패턴 학습에 기초한다는 사실을 이해할 수 있다.
- 영어의 자동화된 패턴과 반복의 의미를 기술·교육 관점에서 함께 이해하게 된다.

8) 추천 읽기 자료

코퍼스 영어학은 다양한 이론적 기반과 응용적 접근을 포괄하는 학문으로, 각 분야의 주요 저작을 함께 살펴보면 전반적 이해가 한층 깊어진다. 아래의 참고 문헌은 코퍼스 영어학의 이론·방법론·교육·번역·사회적 응용 등 여러 측면을 균형 있게 다루며, 본 장의 학습을 보완하는 데 유용한 자료이다.

- Baker, P. (2009). *Contemporary Corpus Linguistics.*

현대 코퍼스 영어학의 주요 개념·연구 방법·응용 분야를 폭넓게 다룬 개론서로, 코퍼스 영어학을 처음 접하는 학습자에게 적합하다.

- Beeby, A., Rodríguez Inés, P., & Sánchez-Gijón, P. (Eds.). (2009). *Corpus Use and Translating.*
  번역 연구에서 코퍼스를 활용하는 다양한 사례를 제시하며, 병렬 코퍼스·번역 코퍼스 활용을 폭넓게 논의한다.

- Gerbig, A., & Mason, O. (Eds.). (2010). *Language, People, Numbers: Corpus Linguistics and Society.*
  코퍼스를 통해 사회적 담화와 문화적 패턴을 분석하는 접근을 다루며, 사회·문화 연구와의 연계를 강조한다.

- Leech, G. (1997). Introducing corpus annotation. In *Corpus Annotation: Linguistic Information from Computer Text Corpora.*
  영어 데이터 주석(annotation)의 개념과 절차를 설명하는 핵심 문헌으로, NLP 및 코퍼스 기반 영어 분석의 토대를 이해하는 데 필수적이다.

- Hunston, S. (2011). *Corpus Approaches to Evaluation: Phraseology and Evaluative Language.*
  영어 평가와 의미 구성에 초점을 둔 연구로, 연어·문법 패턴·평가적 영어 분석을 심도 있게 탐구한다.

- Lüdeling, A., & Kytö, M. (Eds.). (2008/2009). *Corpus Linguistics: An International Handbook (Vols. 1–2).*
  방대한 코퍼스 연구 흐름을 정리한 국제적 핸드북으로, 이론·방법론·응용 범위를 포괄한 참고 자료이다.

- O'Keeffe, A., McCarthy, M., & Carter, R. (2007). *From Corpus to Classroom: Language Use and Language*

Teaching.

실제 영어 사용을 기반으로 한 교재·수업 설계 방법을 제안하며, ELT 분야에서 널리 활용되는 자료이다.

- Schmidt, T., & Wörner, K. (Eds.). (2012). *Multilingual Corpora and Multilingual Corpus Analysis.*

다국어 코퍼스와 다국어 분석 방법을 다룬 저작으로, 번역·NLP 분야 연구자에게 특히 유용하다.

- Sinclair, J. McH. (2004). *How to Use Corpora in Language Teaching.*

교육 현장에서 코퍼스를 활용하는 구체적 전략과 사례를 제시하며, 실용적 지침을 제공한다.

- Tribble, C., & Jones, G. (1997). *Concordances in the Classroom.*

코퍼스 기반 학습(DDL)을 교실 수업에 적용하는 방법을 소개하는 저작으로, 교육적 실천 아이디어를 제공한다.

제2장

코퍼스 도구 다루기

제 2 장

코퍼스 도구 다루기

가 코퍼스 분석 도구 첫걸음

1) 들어가기

코퍼스 영어학은 방대한 실제 영어 자료를 분석하여 영어의 구조와 사용 양상을 실증적으로 탐구하는 학문이다. 그러나 이러한 탐구는 텍스트를 수집하는 것만으로는 충분하지 않다. 영어의 패턴과 의미를 신뢰도 있게 밝히기 위해서는, 수집된 자료를 정교하게 탐색·분석할 수 있는 **전문적 도구(tool)**의 활용이 필수적이다. McEnery와 Hardie(2012)는 코퍼스 연구를 영어 이론과 데이터를 연결하는 분석 도구의 사용에서 출발한다고 하며, 도구를 영어 연구의 '눈과 손'에 비유한다.

코퍼스 분석 도구는 연구자가 방대한 텍스트 속에서 단어의 빈도, 연어, 문법 패턴(grammatical pattern), 의미적 경향(semantic tendency) 등 영어의 다양한 측면을 손쉽게 시각화하도록 돕는다. 이는 마치 현미경이 눈으로 보이지 않는 미세한 구조를 드러내듯, 영어 속에 숨어 있는 규칙과 경향을 객관적으로 보여주는 역할을 한다. Kennedy(1998) 역시 코퍼스 영어학의 강점은 도구를 통해 영어의 미세한 패턴을 실증적으로 드러낼 수 있다는 점에 있다고 설명한다.

여러 코퍼스 분석 프로그램 가운데 **안트콘크(AntConc)**, **안트워드프로파일러(AntWordProfiler)**, **태그안트(TagAnt)**는 학습자와 연구자가 가장 널리 활용하는 대표적 무료 도구이다. 세 프로그램 모두 Laurence Anthony 교수가 개발한 것으로, 설치가 간단하고 사용자 친화적이며, 상용 프로그램 없이도 고정밀 분석이 가능하다는 점에서 교육·연구 현장에서 높은 활용도를 보인다.

- **안트콘크**는 텍스트를 불러와 단어 빈도 목록, 연어·동시출현어, 키워드 분석 등 기본적이면서 중요한 기능을 제공한다. 예를 들어 *communication*을 검색하면, 실제 문장에서 어떤 단어와 함께 결합하는지, 어떤 문법적 구조 속에서 사용되는지를 직접 확인할 수 있어 의미·구문 분석에 효과적이다.
- **안트워드프로파일러**는 텍스트 내 어휘 수준을 분석해 난이도 분포를 시각적으로 보여주는 도구로, 영어 교육에서 교재 난이도 조정, 학습자 어휘력 진단 등에 활용된다. 어떤 텍스트가 초급·중급·고급 학습자에게 각각 어느 정도 부담을 주는지 수치로 파악할 수 있어 교육적 의의가 크다.
- **태그안트**는 품사(part of speech) 태깅과 구문 분석에 특화된 도구로, 텍스트 내 단어의 기능을 자동으로 판별한다. 학습자 코퍼스의 특정 문법 현상(시제, 관사 사용 등)을 추적할 때 수작업 분석 없이도 패턴을 정량적으로 제시해 준다.

이 장에서는 이러한 세 도구의 기본 기능과 활용 방법을 단계적으로 살펴보며, 영어 데이터를 어떻게 탐색하고 해석할 수 있는지 구체적으로 안내한다. Anthony(2019)는 코퍼스 도구를 데이터 기반 영어 인식을 확립하게 돕는 지적 파트너라고 표현한 바 있다. 즉, 도구의 학습은 단순한 기술 습득이 아니라, 영어를 새로운 시선으로 바라보는 인식의 전환이다.

코퍼스 분석 도구는 손끝의 기술이 아니라, 영어의 질서를 발견하는 '분석의 창'이다. 이 장의 학습을 통해 실제 데이터 속에서 영어의 패턴을 직접 탐지하고, 이를 연구·교육으로 확장할 수 있는 탄탄한 기반을 마련하게 될 것이다.

2) 안트콘크로 하는 간단한 분석

코퍼스 영어학의 핵심은 방대한 실제 영어 사용을 **객관적으로 관찰하고 해석하는 것**이다. 그러나 텍스트가 충분히 많더라도, 이를 어떻게 탐색하느냐에 따라 분석의 깊이와 품질은 크게 달라진다. 이러한 점에서 **안트콘크**는 연구자와 학습자 모두에게 가장 유용한 기본 분석 도구이며, 코퍼스 영어학의 첫걸음을 내딛게 하는 든든한 길잡이이다.

안트콘크는 텍스트 파일을 불러와 여러 분석 기능을 수행하도록 설계된 도구로, 특히 **워드리스트**, **연어 분석**, **키워드 분석**, **엔그램·클러스터 분석** 등이 대표적 기능이다. 이 기능들을 활용하면 텍스트를 단순히 '읽는 것'을 넘어서, 그 안에 숨어 있는 **빈도·패턴·문맥**을 데이터 기반으로 탐색할 수 있다.

가) 워드리스트: 텍스트의 기본 어휘적 구조 파악

워드리스트는 코퍼스에 포함된 모든 단어를 빈도순으로 정렬하여 보여주는 기능이다.

- 신문 기사 코퍼스를 불러오면 *the, of, and*와 같은 기능어(function words)가 가장 높은 빈도로 나타난다.
- 이는 영어의 구조적 특성을 반영하는 자연스러운 현상으로, Kennedy(1998)는 워드리스트가 텍스트의 어휘적 정체성을 파악하는 출발점이라고 설명한다.

학습자는 특정 장르·주제에서 어떤 단어가 자주 쓰이는지 객관적으로 파악할 수 있고, 교사는 교재 개발 시 텍스트의 난이도나 특성을 진단하는 데 활용할 수 있다.

나) 연어 분석: 단어의 실제 문맥 탐색

연어 분석은 특정 단어가 어떤 문맥과 함께 자주 쓰이는지를 보여주는 기능으로, **Key Word in Context(KWIC)** 형식으로 제시된다.

예를 들어 *climate*를 검색하면, 다음과 같은 반복적 결합이 눈에 보인다.

- *climate change*
- *climate policy*
- *climate crisis*

이 기능은 단어의 의미를 사전적 정의가 아닌 **실제 사용 맥락**에서 파악할 수 있게 한다. Sinclair(1991)는 영어는 문맥 속에서 의미를 얻는다고 강조하며, 연어 분석을 코퍼스 영어학의 핵심적 관찰 도구로 설명한다.

다) 키워드 분석: 텍스트의 주제와 방향성 파악

키워드 분석은 특정 코퍼스를 비교 코퍼스(reference corpus)와 대조하여, **상대적으로 더 자주 등장하는 단어**를 통계적으로 도출한다.

예를 들어 '환경(*environment*)' 뉴스 코퍼스를 일반 뉴스와 비교하면 다음 단어들이 키워드로 나타날 수 있다.

- *pollution*
- *carbon*
- *sustainable*

Scott(2006)는 키워드를 텍스트의 주제적 방향을 보여주는 어휘 지도라고 표현하며, 키워드 분석이 단순 빈도보다 더 깊은 담화 해석을 가능하게 한다고 말한다.

라) 엔그램·클러스터: 반복되는 표현 단위 탐색

안트콘크의 엔그램 기능은 연속된 단어들의 반복 패턴을 추출한다.

- *in order to*
- *at the same time*
- *one of the*

또한 **클러스터**는 특정 단어를 중심으로 자주 결합하는 어구를 보여 준다. 이러한 분석은 자연스러운 영어 표현 학습, 번역 관용구 조사 등에 매우 유용하다.

마) 안트콘크 활용의 의의

안트콘크의 가장 큰 강점은 **간단하지만 정교한 분석이 가능하다**는 점이다. 복잡한 통계 지식 없이도 영어 자료를 직접 탐색하며, 코퍼스 영어학의 원리를 자연스럽게 체득할 수 있다.

예를 들어, 학생이 자신의 글쓰기 코퍼스를 불러와 use라는 동사를 탐색하면 다음과 같은 패턴을 발견할 수 있다.

- *use of technology*
- *used to be*
- *be used for*

이러한 관찰은 영어가 규칙이 아니라, **사용을 통해 형성된 습관적 패턴**이라는 사실을 실증적으로 이해하게 한다.

안트콘크는 단순한 기술 도구가 아니라, 영어를 '직관이 아닌 데이터'로 탐구하도록 돕는 분석의 창이다. 코퍼스 영어학의 철학인 객관성·실증성을 훈련하는 첫 실천적 도구라고 할 수 있다.

3) 안트워드 프로파일러 활용

어휘는 영어 능력의 기초이며, 텍스트를 이해하고 생산하는 데 가장 중요한 요소이다. 그러나 학습자나 교사가 텍스트의 어휘 난이도를 직관적으로 판단하는 일은 쉽지 않다. 이러한 과제를 해결하도록 설계된 도구가 **안트워드프로파일러**이다. 이 프로그램은 텍스트에 사용된 단어들이 고빈도 어휘인지, 전문적·저빈도 어휘인지 객관적으로 분석해 주며, 영어 학습과 교육에서 활용도가 매우 높다.

안트워드프로파일러는 Laurence Anthony 교수가 개발한 무료 분석 도구로, **General Service List(GSL)·Academic Word List(AWL)** 등 널리 사용되는 고빈도 어휘 목록을 기준으로 텍스트 내 단어를 자동 분류한다. 이를 통해 텍스트의 어휘 수준을 시각적으로 보여주며, 어휘 난이도에 대한 정량적 판단을 가능하게 한다.

가) 도구의 기본 원리

안트워드프로파일러의 작동 방식은 비교적 단순하다.

1. 분석할 텍스트를 프로그램에 입력한다.
2. 텍스트에 등장하는 모든 단어가 미리 정의된 어휘 목록(1,000 단어, 2,000 단어, AWL 등)과 비교된다.
3. 각 어휘군의 비율이 퍼센트로 산출되어 색상·차트 등으로 제시된다.

이 과정은 텍스트 난이도를 직관적이면서도 객관적으로 파악할 수 있게 한다. 학습자·교사 모두에게 텍스트 선택과 어휘 지도 방향을 정하는 근거가 된다.

나) 핵심 기능과 활용 방식

① 텍스트 난이도 평가(Text Difficulty Assessment)

교사는 텍스트 내 고빈도 단어 비율을 확인함으로써 학습자 수준에 적합한 자료인지 판단할 수 있다.

- 상위 1,000단어가 70~80% 이상 → 초급 학습자에게 적절
- AWL 비율이 높음 → 대학 수준 학습자에게 적합

예를 들어, 과학 칼럼에서 AWL 비율이 높게 나타난다면, 이는 고급 학습자 대상 자료임을 보여 준다.

② 학습자 어휘력 진단(Learner Vocabulary Profiling)

학습자가 쓴 에세이나 보고서를 분석하면 어휘 사용 경향을 정량적으로 파악할 수 있다.

- 기본 어휘에 지나치게 의존하는 경우
- 학술 어휘 사용이 부족한 경우
- 특정 표현만 반복적으로 사용하는 경우

이러한 결과는 교사에게는 피드백 자료를, 학습자에게는 어휘 학습 방향을 제시하는 근거가 된다.

Laufer와 Nation(1999)은 이러한 분석이 학습자의 어휘 능력을 데이터로 진단하는 효과적 방법이라고 강조했다.

③ 어휘 학습 전략 수립(Vocabulary Learning Strategy)

학습자는 분석 결과를 통해 어떤 어휘군이 부족한지 스스로 확인할 수 있다.

- 상위 1,000단어는 이미 숙달
- 상위 2,000단어 또는 AWL의 비율이 낮음

→ 이후 학습 전략을 학술 어휘 중심으로 조정 가능

이 과정은 **자기 주도적 학습(self-directed learning)**을 강화하는 효과가 있다.

다) 교육적·연구적 의의

안트워드프로파일러의 강점은 어휘 분석을 **직관 의존에서 데이터 기반 분석으로 전환**한다는 점이다. Kennedy(1998)는 코퍼스 기반 어휘 분석은 교육적 결정을 보다 과학적으로 만든다고 강조한다.

이 도구를 활용하면 다음과 같은 장점이 있다.

- 교재 개발 시 어휘 수준 조정
- 학습자의 어휘 발달 단계 파악
- 특정 장르 텍스트의 어휘적 특성 분석
- 학습자의 반복적 어휘 사용(lexical repetition) 진단

학습자는 자신의 글을 '객관적 데이터'로 바라보며 영어 능력을 성찰하게 되고, 교사는 학습자의 수준에 맞는 자료와 수업을 설계할 수 있다.

라) 자기 주도 학습의 관점에서 본 활용 가치

안트워드프로파일러는 단순히 어휘를 분류하는 기술적 도구가 아니라, 학습자가 자신의 영어 사용을 **객관적으로 바라보는 눈을 갖게 하는 도구**이다.

학습자는 다음을 스스로 할 수 있다.

- 본인의 글을 입력하여 어휘 수준을 확인
- 반복적으로 사용하는 단어 식별
- 향후 학습의 목표 어휘군 설정

이는 암기 중심 어휘 학습에서 벗어나 **데이터 기반의 전략적 어휘 학습**으로 전환하는 계기가 된다. 이러한 과정을 거치며 학습자는 자신의 학습 경향을 인지하고, 영어 학습을 스스로 설계하는 능력을 키우게 된다.

마) 안트워드프로파일러 요약

안트워드프로파일러는 텍스트 난이도 평가, 학습자 어휘력 진단, 어휘 학습 전략 설정, 교육·연구 현장의 데이터 기반 의사결정을 지원하는 유용한 코퍼스 분석 도구이다.

어휘 수준의 객관적 분석은 영어 학습과 영어 교육을 보다 과학적·체계적으로 이끌며, 학습자가 스스로의 영어 사용을 탐구하는 자기 주도 학습의 기반이 된다.

4) 태그안트와 품사 태깅

코퍼스 영어학이 단순한 어휘 분석을 넘어 문법 구조와 의미 체계로 확장되기 위해서는, 텍스트 속 각 단어가 어떤 역할을 하는지 정확히 식별하는 과정이 필요하다. 이러한 과정을 **품사 태깅(Part-of-Speech Tagging)**이라 하며, 품사 태깅은 영어 자료를 구조적으로 해석할 수 있는 기초 단계이다. Leech(1997)는 품사 태깅을 영어 데이터에 구조적 의미를 부여하는 주석(annotation)의 출발점이라고 설명하며, 문법 분석의 신뢰도를 높이는 핵심 절차로 평가한다.

품사 태깅을 손쉽게 수행하도록 돕는 도구가 바로 Laurence Anthony 교수가 개발한 **태그안트**이다. 이 소프트웨어는 코퍼스 내 모든 단어의 품사를 자동으로 판별하고 태그를 부착하여, 연구자가 방대한 텍스트를 보다 정밀하고 체계적으로 분석하도록 지원한다.

가) 품사 태깅의 필요성

영어에서 단어는 문맥에 따라 서로 다른 품사로 사용될 수 있다.

- ***book***은 명사(NN)로도, 동사(VB)로도 동사(VB)로도 쓰인다.
- ***play***는 명사('연극'·'놀이')이면서 동사('놀다'·'연주하다')이다.

태그안트는 이러한 단어의 기능을 자동으로 구분해 주므로, 연구자는 문장 속 단어의 역할을 정교하게 판단할 수 있다. 이는 다음과 같은 분석을 가능하게 한다.

- 텍스트의 품사별 분포
- 다의어의 품사별 용례 분석
- 문장 구조 및 문법 패턴 탐색
- 학습자의 문법적 강·약점 진단

즉, 품사 태깅은 단어의 표면적 출현 빈도를 넘어 **문장 구조와 의미 작용의 양상**을 밝히는 데 필수적이다.

나) 태그안트의 기능과 특징

태그안트는 다음과 같은 기능을 제공한다.

① 자동 품사 태깅(POS Tagging)

텍스트 내 단어를 문맥 기반 알고리즘으로 판별하여 NN, VB, JJ 등 품사 태그를 부착한다.

이는 방대한 코퍼스를 매우 짧은 시간에 분석 가능한 데이터로 전환한다.

② 품사별 빈도 분석(Part-of-Speech Frequency Analysis)

텍스트에서 어떤 품사가 얼마나 자주 나타나는지 수치로 확인할 수 있다.

- 학술 글쓰기 → 명사·전치사 빈도 높음
- 구어 자료 → 동사·대명사 비율 높음

Kennedy(1998)는 품사 빈도 분석이 문체적 차이를 판별하는 핵심 지표라고 강조한다.

③ 다의어 분석(Disambiguation)

태그안트는 문맥에 따라 품사가 달라지는 단어를 자동 판별한다.

예: *play*

- NN: *The play was wonderful.*
- VB: *They play soccer every weekend.*

이는 의미론·학습자 영어 연구 모두에서 중요한 통찰을 제공한다.

④ 문법 패턴 분석(Grammatical Patterning)

품사 태깅이 완료되면, 특정 품사 뒤에 오는 단어 유형을 분석하거나, 동사·형용사·명사별 결합 구조를 탐색할 수 있다.

예:

- 동사 *allow* 뒤 명사 vs. to부정사의 빈도 비교
- 형용사 *important* 뒤 that절·to부정사 비율 분석
- 부사의 동사 수식 패턴 비교

이는 문법 연구뿐 아니라 교재 개발, 학습자 오류 탐색에도 활용된다.

다) 교육 및 연구 현장에서의 활용 예시

품사 태깅은 학습자 글쓰기, 학술 텍스트, 뉴스·구어 자료 분석 등 다양한 영역에서 활용된다.

① 학습자 글쓰기 진단

학생의 에세이를 태그안트로 분석하면,

- 특정 품사의 과잉 사용
- 특정 문형의 부족(과소 사용)
- 반복되는 구문 패턴

등을 즉시 확인할 수 있다.

예: *run*

- 명사 2회 / 동사 12회 출현 → 기능별 사용 차이 명료화

이는 맞춤형 피드백 제공에 매우 효과적이다.

② 문체 비교

학술 논문 vs. 뉴스 기사 vs. 구어 자료의 품사 패턴을 비교하면 장르적 특성을 실증적으로 파악할 수 있다.

③ 구문·의미 연구

품사 태그는 구문 분석·의미역 분석 등 심층 연구의 기반이 된다.

라) 태그안트의 학술적 의의

Anthony(2015)는 태그안트를 영어 데이터에 분석적 생명력을 부여하는 도구라고 표현한다.

품사 태깅을 통해 영어 자료의 구조적 분석 가능하고, 문맥 기반의 의미 파악 용이하고, 대규모 데이터의 자동화 및 정밀 분석 가능하다.

즉, 태그안트는 코퍼스 영어학의 핵심 원리인 **객관성(objectivity)**과 **실증성(empirical validity)**을 구현하는 중요한 도구인 것이다.

마) 태그안트 요약

태그안트는 대규모 텍스트에 품사 정보를 자동 부착하고, 품사별 빈도·용례·문법 패턴을 탐색하도록 하며, 다의어·문체·오류 분석 등 다양한 연구를 가능하게 한다.

품사 태깅은 영어를 단순한 텍스트가 아니라 **구조와 의미가 결**

합된 체계로 이해하게 하는 첫 단계이다. 태그안트는 이 과정을 효율적으로 지원하는 실천적 연구 도구이자 교육적 자원이다.

5) 요약

코퍼스 영어학은 실제 영어 사용(real use)에 기반하여 영어의 구조와 의미를 탐구하는 학문이며, 그 출발점은 **영어 데이터를 정확하게 탐색하고 분석할 수 있는 도구의 활용**에 있다. 이 절에서는 코퍼스 분석의 기초를 이루는 세 가지 도구(**안트콘크**, **안트워드프로파일러**, **태그안트**)의 기능과 의의를 살펴보았다.

안트콘크는 워드리스트, 키워드, 연어, 엔그램 등의 기능을 통해 텍스트 속 빈도와 패턴을 시각적으로 탐색하도록 돕는다. 예를 들어, *environment*를 검색했을 때 *protect*, *policy*, *pollution*과 같은 연어가 반복적으로 나타나는 것은 해당 단어의 의미가 문맥 속에서 구축된다는 사실을 실증적으로 보여 준다(Sinclair, 1991).

안트워드프로파일러는 텍스트의 어휘 수준(vocabulary level)을 분석하여, 고빈도 어휘(1,000단어, 2,000단어)와 학술 어휘(AWL)의 비율을 수치로 제시한다. 이를 통해 텍스트의 난이도 평가, 학습자 어휘력 진단, 어휘 학습 전략 설정 등이 가능해지며, 교재 개발과 교수 설계에서 중요한 근거 자료가 된다(Kennedy, 1998).

태그안트는 텍스트 내 모든 단어에 품사(part of speech) 정보를 자동 부착하여, 문법 구조와 의미의 상호작용을 탐구할 수 있는 분석적 기반을 제공한다. 품사 태깅된 코퍼스를 활용하면 품사별 사용 패턴, 다의어의 품사별 분포, 특정 문법 구조의 변이를 정밀하게 분석할 수 있어, 문법·의미·문체 연구를 정교하게 수행할 수 있다(Leech, 1997).

이 세 도구는 기능과 목적은 다르지만, 공통적으로 코퍼스 영어학의 핵심 철학인 **객관성(objectivity)**과 **실증성(empirical** validity)을 실현한다는 점에서 중요한 의미를 지닌다.

즉, 안트콘크는 **영어의 빈도와 패턴**을, 안트워드프로파일러는 **어휘 수준과 난이도**를, 태그안트는 **문법적 구조와 품사 관계**를 밝혀준다.

이를 통해 연구자는 직관에 의존하지 않고 영어 사용의 실질적 근거를 확보할 수 있으며, 교사는 학습자의 영어 능력을 데이터 기반으로 평가할 수 있다. 학습자 또한 자신의 영어 사용을 탐구하며, '영어를 배우는 사람'에서 '영어를 연구하는 탐구자'로 성장하는 경험을 하게 된다.

결국, 코퍼스 분석 도구는 단순한 기술적 도구가 아니라 **영어를 데이터로 바라보는 새로운 시선**을 제공하는 학문적 통로이다. 몇 개의 버튼 조작을 넘어, 영어의 질서와 의미를 과학적으로 이해하는 첫 실천적 단계이다. 이러한 도구를 익히는 과정에서 학습자는 영어의 패턴을 직접 발견하고, 이를 연구·교육·실천으로 확장할 수 있는 기반을 갖추게 된다.

6) 추천 활동

코퍼스 분석 도구를 실제로 다루어보는 경험은 이론적 지식을 구체적 영어 데이터에 적용하며, 코퍼스 영어학의 핵심 원리를 자연스럽게 이해하게 한다. 아래의 활동들은 학습자가 스스로 데이터를 탐색하고 해석할 수 있도록 설계된 실습 중심 과제이다.

가) 뉴스 기사 10편을 안트콘크에 불러와 상위 20개 단어 추출하기

① 활동 목적

뉴스 기사 텍스트의 기본 어휘 구조와 장르적 특징을 이해한다.

② 활동 절차

1. 최근 발행된 영어 뉴스 기사 10편을 수집한다.

2. 기사들을 하나의 텍스트 파일(.txt)로 통합한다.
3. 안트콘크의 **Wordlist 기능**을 사용하여 상위 20개 단어를 추출한다.
4. 기능어(function words)와 내용어(content words)의 분포를 비교한다.
5. 상위 단어들이 뉴스 장르의 특성과 어떤 관련이 있는지 분석한다.

③ 기대 효과

- 뉴스 코퍼스의 어휘적 특성을 객관적으로 파악할 수 있다.
- 기능어와 핵심 내용어를 구별하며 장르 분석의 기초를 습득한다.

나) 자신의 영어 글을 안트워드프로파일러로 분석하여 어휘 수준 진단하기

① 활동 목적

학습자의 어휘 사용 경향을 데이터 기반으로 파악하고, 향후 학습 방향을 설정한다.

② 활동 절차

1. 본인이 작성한 영어 에세이나 보고서 한 편을 선택한다.
2. 안트워드프로파일러에 텍스트를 입력한다.
3. 1,000단어·2,000단어·AWL 비율을 확인한다.
4. 자신의 어휘 사용 경향(고빈도 의존 여부, 학술 어휘 부족 등)을 정리한다.

③ 기대 효과

- 어휘 사용의 강점과 약점을 스스로 파악할 수 있다.

• 구체적인 어휘 학습 목표(AWL 확충 등)를 설정할 수 있다.

다) 태그안트로 play의 품사별 사용 빈도 비교하기

① 활동 목적

다의어(polysemy)의 문맥 기반 품사 구분을 이해한다.

② 활동 절차

1. 짧은 영어 텍스트(신문 기사·소설·인터뷰 등)를 선택한다.
2. 태그안트로 품사 태깅을 수행한다.
3. *play*가 명사(NN)로 사용된 경우와 동사(VB)로 사용된 경우의 출현 빈도를 확인한다.
4. 품사별 문맥 차이를 사례 중심으로 정리한다.

③ 기대 효과

• 다의어가 문맥 속에서 어떻게 서로 다른 기능을 수행하는지 이해할 수 있다.
• 품사 태깅의 실제적 활용성을 체감할 수 있다.

7) 추천 읽기 자료

코퍼스 분석 도구와 관련된 이해를 심화하기 위해 다음 자료들을 참고할 수 있다. 각각의 저작은 코퍼스 도구 활용, 텍스트 분석, 품사 주석 등 본 절의 내용과 직접적으로 연결되며, 학습자뿐 아니라 교사·연구자에게도 유익한 실천적 지침을 제공한다.

• Anthony, L. (2014). *AntConc (Version 3.4.3)* [Computer Software].
안트콘크 공식 프로그램. 최신 버전을 직접 설치해 기본 기능을 익힐 때 가장 유용한 출발점이다.

- Cobb, T. (2007). *Compleat Lexical Tutor.*
  어휘 분석·학습 지원을 위한 웹 기반 도구 모음. 어휘 수준 분석과 코퍼스 기반 학습을 실습하기 좋다.
- Garside, R., Leech, G., & McEnery, T. (Eds.). (1997). *Corpus Annotation: Linguistic Information from Computer Text Corpora.*
  품사 태깅과 주석(annotation)의 개념·절차를 다룬 핵심 문헌으로, 태그 안트와 같은 주석 기반 분석의 이론적 토대를 이해하는 데 도움을 준다.
- Kennedy, G. (1998). *An Introduction to Corpus Linguistics.*
  코퍼스 영어학 전반을 개괄한 기본서로, 코퍼스 도구의 기능·역할을 이해할 때 매우 유용하다.
- Scott, M., & Tribble, C. (2006). *Textual Patterns: Key Words and Corpus Analysis in Language Education.*
  키워드 분석과 텍스트 패턴 탐구의 방법론을 상세히 설명하며, 교육 목적의 코퍼스 분석에 유용하다.
- Sinclair, J. McH. (1991). *Corpus, Concordance, Collocation.*
  연어(collocation)와 동시출현(KWIC) 분석의 이론적 기초를 제공하는 대표 저작이다.
- Tribble, C., & Jones, G. (1997). *Concordances in the Classroom.*
  KWIC과 연어 분석을 수업에 적용하는 방법을 소개하며, 코퍼스 기반 학습의 초기 고전이다.

나 직접 해보는 미니 코퍼스 구축

1) 들어가기

앞선 절에서는 코퍼스 분석 도구의 기본 기능과 활용 방법을 살펴보았다. 이제는 이론적 이해를 넘어, 실제로 영어 자료를 수집·정제·구축하는 **'미니 코퍼스(mini corpus)' 제작 실습**으로 나아갈 차례이다. 코퍼스 영어학의 진정한 가치는 바로 이 **데이터를 다루는 과정 자체**에서 드러난다. 즉, 영어 자료를 모으고 정리하며 분석 가능한 형태로 설계하는 일련의 절차는, 연구자가 영어를 '자료로서의 실체'로 바라보도록 이끄는 핵심 실천이다.

'미니 코퍼스'란 말 그대로 소규모 코퍼스를 의미한다. BNC나 COCA처럼 방대한 코퍼스가 영어의 전반적 경향을 보여주는 거울이라면, 미니 코퍼스는 연구자가 설정한 특정 주제·장르·집단을 깊이 있게 관찰할 수 있도록 돕는 **정밀 관찰 도구**, 즉 돋보기와도 같다. Kennedy(1998)는 코퍼스의 가치는 규모 자체보다 목적에 맞는 설계와 표본의 적절성에 있다고 강조하며, 연구 목적이 명확하다면 작은 규모의 코퍼스도 충분한 연구적 의미를 지닌다고 말한다.

예를 들어 다음과 같은 형태의 미니 코퍼스를 만들 수 있다.

- 한국인 대학생의 영어 에세이를 모은 **학습자 코퍼스(learner corpus)**
- 환경 관련 기사만 모은 **주제 중심 코퍼스(topic-based corpus)**
- 일상 대화나 인터뷰의 전사를 모은 **구어 코퍼스(spoken corpus)**

이러한 경험은 단순한 자료 수집을 넘어, 영어 연구의 설계-분석-해석에 이르는 전 과정을 직접 체득하는 의미 있는 교육 활동이다. Lüdeling과 Kytö(2008) 역시 코퍼스 구축을 영어학적 사고를 구체화하는 실천적 과정이라 하며, 학습자가 연구자의 시각을 갖추는 데 중요한 단계라고 설명한다.

미니 코퍼스 구축의 교육적 가치는 다음과 같다.

1. **대표성·표본성 개념의 체득**
어떤 텍스트를 선택하고 어떤 범위를 포함할지 고민하는 과정에서 연구 타당성에 대한 감각이 자연스럽게 길러진다.

2. **데이터 정제(cleaning)와 메타데이터 작성 경험**
텍스트 파일 정리, 불필요한 정보 제거, 출처·날짜·장르 기록 등은 실제 연구 과정에서 필수적인 기술이다.

3. **도구 활용의 통합적 경험**
구축한 코퍼스를 안트콘크·안트워드프로파일러·태그안트 등으로 분석하면서 탐구의 전 과정을 스스로 수행할 수 있다.

McEnery와 Wilson(2001)은 코퍼스 영어학 학습의 첫 단계로 소규모 자료를 직접 구축해 보는 경험을 강조한다. 미니 코퍼스를 만든 학생들은 대규모 코퍼스 분석의 원리를 훨씬 쉽게 이해하며, 데이터의 구조·제약·해석 가능성을 실제 사례를 통해 익힐 수 있다.

이 장에서는 문어(written), 구어(spoken), 학습자 코퍼스 등 목적에 따라 변화하는 코퍼스 유형별 구축 방법을 구체적으로 살펴본다. 미니 코퍼스 구축은 영어를 추상적 개념이 아니라 **살아 있는 데이터**로 바라보는 훈련이며, 영어의 실제 사용 흔적을 연구자의 눈으로 관찰하고 해석하는 중요한 학습 경험이 될 것이다.

2) 문어 코퍼스: 뉴스 기사, 에세이 수집

문어 코퍼스는 코퍼스 영어학에서 가장 널리 활용되는 자료 유형 가운데 하나이다. 인쇄물이나 디지털 텍스트로 남는 문어 자료는 구어보다 구조적으로 안정적이며, 특정 시기·장르·주제의 영어적 특징을 비교적 명확하게 보여 준다. Kennedy(1998)는 문어 자료를 영어의 안정된 측면을 가장 충실히 반영하는 기록이라고 설명하며, 문어 코퍼스가 사회적 담화의 흐름을 관찰하는 데 매우 유용하다고 강조한다.

문어 코퍼스는 구축 과정이 비교적 용이하다는 장점이 있다. 뉴스 기사·온라인 칼럼·잡지 기사·학생 에세이와 같은 자료를 모아 텍스트 파일(.txt)로 정리하면, 특정 목적에 적합한 소규모 코퍼스를 쉽게 만들 수 있다. 중요한 점은 단순히 자료를 많이 모으는 것이 아니라, **명확한 주제·장르·시기**를 설정하고 일관된 기준으로 자료를 선별하는 것이다.

예를 들어,

- *environment* 관련 기사 30편을 모으면 환경 담론에서 자주 등장하는 핵심 어휘(*climate, policy, sustainability* 등)를 분석할 수 있고,
- *education* 관련 칼럼을 모으면 논리적 연결어, 인용 표현, 주장 구조 등을 비교적 안정적으로 탐색할 수 있다.

문어 코퍼스는 글쓰기 수업, 학술 텍스트 분석, 담화 연구 등 다양한 영역에서 활용 가능하며, 학습자가 특정 장르의 영어적 특징을 체계적으로 이해하는 데 중요한 역할을 한다.

가) 자료 수집의 원칙

문어 코퍼스를 구축할 때 가장 중요한 점은 **어떤 자료를, 어떤 기준에 따라, 어떤 범위에서** 수집할 것인지 명확히 하는 것이다. 코퍼스의 신뢰성은 이 단계에서 결정된다. 핵심 원리는 다음과 같다.

① 대표성(representativeness) 확보

대표성은 특정 장르·주제·시기의 영어적 특성을 얼마나 충실히 반영하는지를 의미한다. 예를 들어 '환경 문제에 대한 언론의 시각'

을 연구하려면, 한 언론사 기사만 수집해서는 충분한 대표성을 확보할 수 없다. 다양한 매체에서 일정 기간의 기사를 균형 있게 포함해야 한다.

Kennedy(1998)는 대표성은 코퍼스 타당성을 결정짓는 핵심 조건이라고 강조한다.

② 표본성(sampling)의 체계화

표본성은 전체 영어 사용의 변이를 균형 있게 반영하도록 자료를 선별하는 원칙이다. 신문 코퍼스를 구성한다면, 정치·경제·사회·문화 등 섹션별 기사 분포를 고려하고, 국내외 서로 다른 매체의 기사를 포함하는 방식이 바람직하다.

Lüdeling과 Kytö(2008)는 표본의 균형이 확보될 때 영어 현상의 일반화가 가능해진다고 말한다.

③ 범위 설정: 시기·주제 명확화

자료 범위를 명확히 설정하면 분석 결과의 일관성과 재현 가능성이 높아진다.

예:

- *2020-2022년 기후 변화 관련 기사*
- *2023년 대학생 영어 에세이 중 논증형 에세이*

범위가 모호하면 결과의 해석이 어려워지고, 연구자의 선택 편향이 발생할 수 있다.

④ 데이터 정제(cleaning)

웹 기반 자료에는 광고 문구, 이미지 설명, HTML 코드 등 영어 분석과 관련 없는 요소가 포함되는 경우가 많다. 이러한 노이즈를 제거해야 이후 워드리스트·연어·키워드 분석의 정확도가 보장된다.

McEnery와 Wilson(2001)은 자료 정제 수준이 코퍼스 신뢰도와 직접 연결된다고 강조한다.

⑤ 메타데이터(metadata) 기록

각 텍스트의 출처, 작성일, 저자(또는 매체명), 장르, 주제 등을 체계적으로 기록해야 한다. 이는 특정 변인(시기, 주제, 매체 등)에 따른 필터링·비교 분석을 가능하게 하는 기본 장치이다.

나) 뉴스 기사 수집

뉴스 기사는 특정 시기와 사회적 맥락 속에서 사용되는 영어를 가장 생생하게 보여주는 자료이다. 사회적 사건, 정책 논의, 문화적 변화는 모두 기사 영어를 통해 표현되며, 이러한 영어의 흔적은 특정 시대의 담화 흐름을 이해하는 중요한 단서가 된다. Kennedy(1998)는 뉴스 텍스트를 시대의 영어적 특성을 기록하는 자료라 하며, 영어·사회 연구의 중심적 자료 유형으로 평가한다.

뉴스 기사 기반 문어 코퍼스를 구축하는 과정은 다음의 절차에 따라 이루어진다.

① 연구 목적에 따른 주제·시기 설정

뉴스 기사 코퍼스를 구축할 때 가장 먼저 고려해야 할 요소는 **주제(topic)**와 **시기(time frame)**이다.

예를 들어,

- 주제: *climate change, AI regulation, education reform*
- 시기: 코로나19 초기(2020), 대선 기간 등

명확한 범위를 설정하면 코퍼스의 대표성과 분석 타당성이 확보된다. McEnery와 Wilson(2001)은 명확한 연구 질문은 코퍼스의 수집 범위를 결정하는 가장 중요한 기준이라고 설명한다.

② 다양한 출처(source)에서 균형 있게 자료 수집

한 매체의 기사만 수집하면 특정 편집 방향이나 이념이 과도하게 반영될 수 있다. 따라서 서로 다른 국가·성향의 언론사를 포함하여 균형을 확보하는 것이 중요하다.

예:

- 영국: BBC, The Guardian
- 미국: The New York Times, Reuters
- 한국: The Korea Herald, The Korea Times

Lüdeling와 Kytö(2008)는 코퍼스의 균형은 다양한 사회적 음성을 담는 데서 비롯된다고 강조한다.

③ 데이터 정제(cleaning): 영어 외적 요소 제거

온라인 기사에는 다음과 같은 비영어적 요소가 포함된다.

- 광고 문구
- 이미지 설명
- 사이트 메뉴·링크
- 자동 생성 태그

이 요소들은 분석 결과를 왜곡할 수 있으므로, 텍스트 파일로 저장하기 전에 반드시 제거해야 한다. 정제는 민감하지만 필수적인 단계이며, 분석의 신뢰도를 결정하는 핵심 작업이다.

④ 메타데이터(metadata) 기록

수집한 각 기사에는 다음 정보를 함께 기록하는 것이 바람직하다.

- 언론사
- 작성일
- 기사 제목
- 주제 또는 키워드

- 기사 섹션(정치·경제·사회 등)

메타데이터는 이후 **시기별 변화 분석**, **매체 간 비교**, **토픽별 영어적 패턴 탐색**을 가능하게 하는 중요한 장치이다.

⑤ 저작권 및 윤리적 고려

뉴스 기사는 상업적 저작물인 경우가 많으므로, 다음 기준을 준수해야 한다.

- 출처를 명확히 표기
- 연구·교육 목적 범위 내에서 부분 인용
- 필요 시 해당 매체의 사용 허락 확보

Kennedy(1998)는 코퍼스 구축자는 자료 활용과 저작권 보호의 균형을 고려해야 한다고 말한다.

⑥ 뉴스 기사 코퍼스의 분석·활용 예시

뉴스 기사 코퍼스는 다음과 같은 분석에 활용할 수 있다.

- **연어 분석:**
  2008 금융위기 기사에서 *economy*는 *crisis, bailout, recession*과 결합하고 2020년대 기사에서는 *recovery*, *digital*, *inflation*과 결합

- **키워드 분석:**
  특정 시기 언론이 어떤 어휘를 강조하는지 파악
  예: 팬데믹 관련 키워드—*lockdown*, *variant*, *vaccine* 등

- **담화 변화 분석:**
  사회적 인식이 시기별로 어떻게 변화하는지 탐색

Sinclair(1991)는 영어는 현실을 반영하면서 동시에 현실을 구성한다고 하며, 뉴스 코퍼스 분석이 사회 변화 이해에 중요한 통찰을 제공한다고 말한다.

⑦ 교육적 의의

뉴스 기사 수집은 학습자에게 다음과 같은 경험을 제공한다.

- 실제 사회 담화 속 영어 사용을 데이터로 관찰
- 특정 주제의 어휘·연결어·문장 구조 패턴 파악
- 시사 영어의 영어적 특징 학습
- 코퍼스 구축·정제·메타데이터 관리 등 연구 기술 습득

학습자가 직접 기사 코퍼스를 구축하고 분석하면, 영어가 사회적 맥락 속에서 어떻게 의미를 구성하는지 체감하게 된다.

다) 에세이 및 학술 텍스트 수집

학술적 글쓰기나 전문 분야의 영어 사용을 탐구하기 위해서는, 뉴스 기사보다 더 구조적이고 논리적인 텍스트를 포함하는 **에세이(essay)**와 **학술 텍스트(academic texts)**를 기반으로 한 문어 코퍼스를 구축하는 것이 효과적이다. 이러한 자료는 영어가 단순한 의사소통 수단을 넘어 **지식을 구성하고 사고를 전개하는 도구**로 어떻게 기능하는지를 보여 준다. Kennedy(1998)는 학술 텍스트를 영어의 인지적 기능(cognitive function)이 가장 선명하게 드러나는 장르라고 설명하며, 학술 담화가 사고의 구조를 반영하는 영어적 흔적을 담고 있다고 강조한다.

① 수집 목적 설정: 학습자 에세이 vs. 학술 텍스트

문어 코퍼스를 수집할 때는 먼저 **무엇을 분석하려는가**를 명확히 해야 한다.

- **학습자 글쓰기 능력 향상 연구 → 학습자 에세이(learner essays)**
- **전문 어휘·문형 탐색 → 학술 논문, 보고서, 학술 칼럼 등**

Hunston(2002)은 코퍼스의 성격은 연구 질문에 의해 정의된다고 강조하며, 목적에 따라 데이터 구성이 달라져야 한다고 지적한다.

② 자료 출처(source)와 균형(balance) 확보

자료의 다양성은 분석의 신뢰도를 높인다.

■ 학습자 에세이의 경우

- 초급·중급·고급 등 **수준별 글** 포함
- 다양한 주제(교육·환경·문화 등) 반영

→ 학습자의 발달적 특징을 비교·분석 가능

■ 학술 텍스트의 경우

- 인문·사회·자연과학 등 **분야별 텍스트** 균형 있게 포함
- 논문, 학술 보고서, 학위논문 등 장르 분포 고려

→ 학문 분야에 따른 담화 특징 탐구 가능

McEnery와 Wilson(2001)은 대표성은 자료의 양이 아니라 구성의 균형에서 결정된다고 하며, 자료 다양성이 연구 타당성을 강화한다고 설명한다.

③ 자료 정제 및 텍스트 일관성 유지

온라인 학술 자료는 논문 서식, 표·그래프, 참고문헌 등 비언어적 요소가 많다. 따라서 다음 작업이 필요하다.

- 본문 텍스트만 남기고 여분의 요소 제거
- OCR 텍스트의 오류 교정
- 문단 구조 정비
- 텍스트 파일(.txt) 형태로 변환

정제는 이후 워드리스트·연어·문법 패턴 분석의 정확성과 재현성을 확보하는 기본 단계이다.

④ 메타데이터(metadata) 관리

학술 텍스트는 다음 정보를 함께 기록하면 분석에서 높은 활용

도를 갖는다.

- 저자 이름(또는 익명 처리)
- 작성 연도
- 소속 기관
- 텍스트 장르(논문/학위논문/보고서 등)
- 학문 분야(인문/사회/자연 등)
- 주제(topic)

Kennedy(1998)는 코퍼스의 가치는 데이터의 양이 아니라, 구조화된 정보의 체계성에 있다고 강조한다.

⑤ 에세이 및 학술 텍스트 코퍼스의 분석 활용

에세이·학술 텍스트 코퍼스는 다음과 같은 분석을 가능하게 한다.

■ 어휘·연어 분석

- 학술 글쓰기에서 자주 등장하는 핵심 어휘: *method*, *result*, *evidence* 등
- 논리적 연결어: *however*, *therefore*, *in contrast* 등

■ 문장 구조·문법 패턴 분석

- 인용 표현 구조: *according to researchers* ... 등
- 수동태·명사화(nominalization) 사용 비율
- 문단 구성과 논증 패턴

■ 장르별 특징 비교

- 학술 텍스트 vs. 뉴스 기사
- 학습자 에세이 vs. 원어민 학술 텍스트

Hunston(2002)은 코퍼스 분석이 학습자에게 학문적 글쓰기 규범을 구체적으로 체득하는 체계적 학습 도구라고 평가한다.

⑥ 교육적 의의: 글쓰기 능력 향상과 영어적 자각

학습자가 자신의 에세이와 원어민 학술 텍스트를 비교하면 다음을 직접 관찰할 수 있다.

- 반복되는 표현 패턴
- 단조로운 문장 구조
- 논리 전개의 문제점
- 어휘 다양성 부족

이 과정은 단순한 문법 교정이 아니라 **영어적 자각(metalinguistic awareness)**을 높이는 학습 단계이다.

예를 들어, 학습자가 상위 1,000단어에 과도하게 의존하는 경우, 더 다양한 학술 어휘·문형을 학습해야 한다는 점을 스스로 확인할 수 있다.

에세이 및 학술 텍스트 기반 문어 코퍼스는 특정 장르의 영어적 특징을 실증적으로 탐구하고, 학습자의 글쓰기 능력을 객관적으로 진단하며, 학술 담화의 구조와 문법 패턴을 분석하는 데 매우 유용한 자료이다.

학습자에게는 자신의 글을 '데이터'로 바라보는 경험을 제공하며, 이는 글쓰기 역량을 스스로 확장하는 데 중요한 기초가 된다.

3) 구어 코퍼스: 대화·유튜브 스크립트 활용

구어 코퍼스는 사람들이 실제로 말하는 영어를 수집·분석하여 영어 사용의 자연스러운 특징을 탐구하는 데 필수적인 자료이다. 문어 영어가 논리적 전개와 문법적 완결성을 중시한다면, 구어 영어는 즉흥성, 상호작용성, 감정 표현 등 **실제 의사소통의 생동감**을 고스란히 담고 있다. Kennedy(1998)는 구어 자료를 영어가 실제로 기능하는 모습을 가장 생생하게 보여주는 창이라고 하며, 구어 분석의 중요성을 강조한다.

구어 코퍼스는 대화(conversation), 인터뷰(interview), 강연(speech), 유튜브 영상 등 다양한 방식으로 수집할 수 있으며, 각 수집 방식은 서로 다른 담화적 특성을 드러낸다.

가) 구어 코퍼스의 주요 특징

구어 영어는 문어와 달리 다음과 같은 특성을 보인다.

- 불완전한 문장 구조
- 반복(discourse repetition)
- hesitators 및 fillers: *uh, um, well, yeah* 등
- 담화 표지(discourse markers): *you know*, *I mean*, *kind of* 등
- 즉각적 반응, 감정 표현, 억양·강세 등의 음성적 요소

이는 영어를 문법 중심으로 바라보던 시각을 넘어, **상호작용 속에서 의미를 구성하는 사회적 행동**으로 이해하게 한다. McEnery와 Wilson(2001)은 구어 영어가 문법 규칙보다 사회적 상호작용 규범에 의해 더 강하게 제약된다고 설명한다.

나) 구어 코퍼스 구축: 대화 및 다양한 담화 자료 수집

① 대화·인터뷰

대화 자료는 가장 자연스러운 구어 데이터를 제공한다.

예시 자료 유형은 다음과 같다.

- 일상 대화
- 영어 토론 수업
- 인터뷰 및 질의응답
- 학습자 간 영어 회화

Kawaguchi(2006)는 대화 자료가 영어의 사회적 기능과 상호작용적 구조를 탐구하는 데 가장 풍부한 정보원이라고 설명한다.

이때 중요한 원칙은 다음과 같다.

- 자연 발화를 최대한 보존
- 연구 목적 사전 설명 및 동의(informed consent) 확보
- 민감 정보 비공개(익명화 포함)
- 소음 최소화 및 명확한 발화 녹음

이러한 절차는 구어 자료의 진정성과 윤리적 책임을 모두 충족한다.

다) 유튜브 스크립트 활용: 손쉬운 구어 코퍼스 구축

최근에는 유튜브 영상의 자막을 활용해 비교적 손쉽게 구어 코퍼스를 구축할 수 있다. 유튜브에는 다음과 같은 장점이 있다.

- 다양한 장르(인터뷰, 토크쇼, Vlog, 교육·강연 영상 등)
- 실제 발화 기반 콘텐츠 풍부
- 장면·주제·발화자 정보를 명확히 확보 가능
- 구어적 특징이 자연스럽게 드러남

예를 들어,

- TED Talks → 공식적 담화의 구조·어휘 분석
- 토크쇼 인터뷰 → 비공식적 담화의 즉흥성·상호작용 분석
- 영어 브이로그(Vlog) → 일상적 구어 표현·감정적 영어 분석

Quaglio(2009)는 드라마 프렌즈(Friends) 대본과 실제 대화를 비교하며, 미디어 기반 대화도 구어적 특징을 상당 부분 반영한다고 분석했다. 유튜브 영상 역시 이러한 구어적 특성을 반영하는 유용한 자원이다.

① 유튜브 스크립트 활용 시 고려 사항

- 자동 생성 자막 자동 사용을 피하고 반드시 교정
- 발화자 구분(labeling), 시간 정보, 억양·중단 표시 등 전사 규칙 적용
- 저작권과 출처 표기 준수
- 필요 시 채널로부터 사용 허락 확보

Raso(2014)는 구어 연구에서 영상·음성의 전사 과정은 분석의 품질을 좌우하는 핵심 단계라고 강조한다.

라) 구어 코퍼스의 분석 가능성

구어 코퍼스를 구축하면 다음과 같은 분석이 가능하다.

① 담화 표지어(discourse markers) 빈도 분석

예: *you know*, *I mean*, *like* 등

② 차례 교대(turn-taking) 분석

- 질문–응답 패턴
- 중단, 겹말, 발화 겹침 등 상호작용적 특징

③ 발화 기능 분석

- 제안, 동의, 거절 등 화행(speech acts) 패턴

④ 사회영어학적 변이 탐색

- 연령·성별·집단별 영어적 차이
- 공식적 vs. 비공식적 담화 비교

⑤ 학습자 구어 분석

- 반복 사용 표현 발견

- 비원어민 특징(필러 과다 사용 등)
- 오류 패턴 진단

O'Keeffe(2007)는 구어 코퍼스가 교실 영어, 방송 영어, 사회적 상호작용을 실증적으로 분석할 수 있는 가장 생생한 교재라고 말한다.

⑥ 교육적 의미: 자연스러운 영어의 체득

구어 코퍼스를 직접 구축해 보면, 문어와 구어의 차이를 체감하며 실제 영어 사용의 특징을 깊이 이해하게 된다.

학습자는 다음을 경험한다.

- 원어민 담화의 자연스러운 흐름 관찰
- 실제 대화에서 반복되는 상용구 파악
- 억양·중단·감정 표현 등 교실 영어에서 접하기 어려운 요소 학습
- 자신의 구어 데이터를 기반으로 한 영어적 자기 성찰

이 과정은 단순한 듣기·말하기 연습을 넘어 **영어의 기능적·사회적 측면을 이해하는 학습**이다.

바) 자료 수집 및 전사(transcription)의 중요성

구어 코퍼스의 구축은 단순히 음성 파일을 녹음하거나 유튜브 영상에서 자막을 추출하는 일에 그치지 않는다. 구어 코퍼스의 핵심은 **영어가 실제로 사용된 상황을 가능한 정확하게 기록하고, 이를 분석 가능한 형태로 전환하는 과정**, 즉 전사에 있다. Raso(2014)는 전사를 음성 영어를 영어학적 분석이 가능한 데이터로 전환하는 다리라고 규정하며, 이 작업이 코퍼스의 품질을 좌우한다고 강조한다.

구어 영어는 문어와 달리 즉흥적이고 비정형적이며, 불완전한 문장·반복·중단·비영어적 요소가 자연스럽게 포함된다. 따라서 전사

는 단순히 발화를 문장 형태로 옮기는 기록 작업이 아니라, **구어의 사회적·상호작용적 특징을 충실히 재현하는 학문적 절차**이다.

① 전사의 핵심 목적: 구어의 자연성을 가능한 한 유지

구어 코퍼스의 전사 과정에서는 다음 요소들을 가능한 한 있는 그대로 기록해야 한다.

- 중단(interruption)과 반복(repetition)
- 억양(intonation) 및 말의 강세(stress)
- 침묵(pause)·웃음(laugh)·한숨 등 비영어적 신호
- 불완전문(incomplete sentences)과 자발적 수정(self-repair)

Kawaguchi(2006)는 전사가 음성적·사회적·심리적 요소를 모두 담아내는 섬세한 기록 행위라고 설명한다. 이는 구어의 자연적 흐름을 제거하거나 교정하려는 시도와는 구별된다.

② 일관된 전사 기준(transcription conventions)의 필요성

전사의 정확성과 일관성을 확보하기 위해서는 미리 **전사 기준(conventions)**을 설정해야 한다.

일반적으로 다음과 같은 표시를 활용한다.

- 발화 중단: / 또는 --
- 겹말 또는 수정: ~
- 침묵: (pause)
- 웃음: <laugh>
- 억양 변화: ↑, ↓ 등
- 발화자 구분: Speaker A, Speaker B 등 명확한 라벨링

이러한 기준은 자료의 재현성을 높이며, 연구자가 동일한 자료를 일관된 방식으로 분석하게 한다.

③ 메타데이터(metadata)의 체계적 관리

전사문에는 음성 내용뿐 아니라 다음의 부가 정보를 함께 기록해야 한다.

- 발화자 정보(성별·연령·역할 등)
- 대화 상황(장소·활동 목적·사회적 관계 등)
- 녹음 날짜 및 맥락 설명
- 전사자 이름 및 전사 기준 버전

이 정보는 후속 분석에서 발화 유형·사회영어학적 변이·담화적 특징을 해석하는 데 중요한 단서를 제공한다.

④ 자동 음성 인식 도구의 활용과 한계

최근에는 전사 효율을 높이기 위해 다음과 같은 **자동 음성 인식(Automatic Speech Recognition, ASR)** 기반 도구가 널리 활용된다.

- 유튜브 자동 자막
- Google Speech-to-Text
- Whisper(OpenAI) 등

이들은 전사의 초안을 빠르게 생성한다는 점에서 유용하지만, 여전히 다음과 같은 한계가 있다.

- 억양·속도·잡음 처리의 오류
- 필러·담화표지 인식 부족
- 발음 축약(reduction)이나 비문법적 표현 처리 어려움

이 때문에 **ASR + 인간의 세밀한 교정**이 결합된 하이브리드 방식이 가장 신뢰도 높은 접근이다.

⑤ 전사 과정의 학문적·교육적 의미

전사는 단순한 기록이 아니라, 영어학적 해석이 개입되는 중요한

분석 단계이다.

- 대화의 흐름, 차례 교대(turn-taking), 화행(speech act) 등을 정밀하게 파악
- 억양·감정·상호작용의 흐름을 데이터 기반으로 관찰
- 구어 특유의 사회적 의미와 맥락적 단서를 분석 가능
- 학습자가 구어와 문어의 차이를 생생하게 체감하도록 도움

Raso(2014)는 전사는 영어의 맥박을 기록하는 섬세한 학문적 손길이라고 표현한다. 미니 코퍼스 구축에서도 전사는 학습자에게 **구어 영어의 복잡성과 살아 있는 특성**을 가장 직관적으로 경험하게 해 준다.

⑥ 윤리적 고려

구어 자료 수집과 전사 과정에서는 윤리적 기준을 반드시 준수해야 한다.

- 모든 참여자로부터 사전 동의(informed consent) 확보
- 개인 정보 익명화(pseudonym) 적용
- 민감한 발언 보호
- 자료의 안전한 저장·관리

Kennedy(1998)는 구어 자료는 영어학적 자원이면서 동시에 개인의 삶을 담은 기록임을 강조하며, 연구자는 이에 대한 사회적 책임을 반드시 고려해야 한다고 지적한다.

전사는 구어 코퍼스 구축의 중심 단계이며, 음성 영어를 **분석 가능한 영어 데이터**로 전환하는 학문적 절차이다.

정확하고 일관된 전사는 구어의 자연성을 보존하고, 이후 수행되는 담화 분석·사회영어학적 연구·학습자 구어 분석의 신뢰도를 결정짓는 토대가 된다. 결국 전사의 목적은 영어를 교정하는 것이 아니라, **영어가 살아 움직이는 그대로의 모습을 기록하는 일**이다.

사) 대화 자료 수집

구어 코퍼스 구축의 출발점은 **영어가 실제로 사용되는 장면을 충실하게 기록하고, 이를 분석 가능한 형태로 보존하는 것**이다. 특히 일상 대화, 수업 토론, 인터뷰 등 자연발화(natural speech)는 인간의 영어 사용을 가장 생생하게 보여주는 자료이며, 이를 직접 수집·정리하는 경험은 영어를 '교재 속 문장'이 아니라 **살아 움직이는 사회적 행위**로 이해하게 한다.

① 대화 자료 수집의 핵심 가치: 진정성과 윤리성

Raso(2014)는 구어 코퍼스를 영어의 생생한 맥박을 기록한 현장 자료라고 규정하며, 자연스러운 영어를 확보하기 위해 **인위적 상황을 최소화**할 것을 강조한다. 연구자가 녹음 사실을 지나치게 강조하면 발화자가 긴장하거나 비자연적 영어를 사용할 위험이 있다.

따라서 다음 원칙이 중요하다.

- 자연스러운 환경에서 대화를 유도할 것
- 참여자에게 연구 목적을 명확히 설명하되, 영어 사용을 부자연스럽게 만들지 않을 것
- 녹음 전 **사전 동의** 확보
- 개인정보와 신원 정보는 **익명화** 처리

윤리적 절차 준수는 학문적 신뢰성과 사회적 책임을 동시에 확보하는 중요한 단계이다.

② 적합한 대화 자료의 선택

대화 자료는 연구 목적에 따라 다양하게 수집할 수 있다.

예:

- 친구들 간 일상 대화
- 영어 토론 수업에서의 상호작용

- 면접·질의응답과 같은 준공식적 담화
- 학습자 영어 회화 연습 녹음

Kawaguchi(2006)는 이러한 대화 자료가 **영어의 사회적 기능(social function)**과 **상호작용적 구조(interactional structure)**를 탐구하는 데 가장 풍부한 단서를 제공한다고 지적한다.

③ 대화 수집 절차

대화를 녹음할 때는 다음과 같은 실천적 절차를 지키는 것이 좋다.

1. **녹음 대상·상황 선정**
   - 자연스러운 말하기 상황(카페, 토론 수업 등)을 선택한다.
2. **참여자 동의 확보**
   - 연구 목적, 자료 활용 범위, 익명화 방식을 명확히 설명한다.
3. **녹음 실행**
   - 스마트폰·녹음기 등 사용.
   - 가능한 조용한 환경 유지.
4. **고음질 파일 저장**
   - WAV(44.1kHz 등) 형태로 저장하면 전사 정확도가 높아진다.
5. **기본 메타데이터 기록**
   - 발화자(익명 처리), 장소, 날짜, 상황 설명을 함께 저장한다.

이러한 절차는 자료의 질을 높일 뿐 아니라, 이후 분석 과정에서도 일관성과 재현성을 확보한다.

④ 기술적 고려 사항

구어 자료 수집에서는 기술적 품질도 매우 중요하다.

- 배경 잡음이 적은 환경 선택

- 마이크와 화자 사이의 거리 조절
- 발화자 간 음성 구분 가능 여부 확인
- 녹음 전 간단한 테스트 녹음 진행

이러한 준비는 전사와 분석 단계에서 세부 특징(중단·겹침·억양 등)을 정확히 식별하는 데 필수적이다.

⑤ 대표성·표본성 관점에서 본 대화 자료 수집

구어 코퍼스에서도 대표성과 표본성은 중요한 기준이다.

- 동일한 유형의 대화에만 치우치지 않도록 다양한 상황·화자 포함
- 비공식·준공식·공식 담화를 균형 있게 수집
- 특정 화자의 말만 반복되지 않도록 상호작용적 발화를 확보

Kennedy(1998)는 구어 코퍼스 구축에서도 대표성을 고려한 표본 설계가 분석의 신뢰성을 결정한다고 설명한다.

⑥ 교육적 의의: 구어의 사회적·상호작용적 의미 체득

학습자가 직접 대화 자료를 수집해 보면 다음과 같은 교육적 효과를 얻게 된다.

- 문어와 구어의 구조적 차이를 실감
- 자연스러운 구어 표현 및 상용구 발견
- 발화 간 차례(turn-taking), 겹말(self-repair), 필러 사용 등 실제 대화 특징 관찰
- 자신의 발화 데이터를 분석하며 구어 능력 자기 진단 가능

이러한 경험은 영어를 문장 단위'가 아닌 **맥락·관계·행위로서의 영어**로 이해하도록 돕는다.

대화 자료 수집은 구어 코퍼스 구축의 핵심 단계이며, 자연스러운 영어 사용을 데이터 기반으로 관찰할 수 있게 하는 중요한 연구

과정이다. 진정성·윤리성·기술적 완성도를 확보한 대화 자료는 담화 분석·사회영어학 연구·학습자 구어 분석 등 다양한 탐구 활동의 출발점이 된다. 무엇보다 학습자에게는 영어가 사회적 상호작용 속에서 살아 움직인다는 사실을 직접 체감하게 하는 소중한 학습 경험이다.

다) 유튜브 스크립트 활용

오늘날 유튜브와 같은 온라인 플랫폼은 구어 코퍼스 구축을 위한 풍부하고 접근성 높은 자료원이 되고 있다. 과거에는 대화나 인터뷰를 직접 녹음하고 전사하는 과정이 필수적이었지만, 디지털 환경에서는 이미 공개된 다양한 영어 영상이 영어 연구의 귀중한 자원이 된다. 유튜브에는 일상 대화, 뉴스 인터뷰, 브이로그(Vlog), 토크쇼, 강연 등 여러 장르가 공존하며, 이러한 자료들은 **구어의 자연스러움(naturalness)**과 **다양성(diversity)**을 동시에 제공한다.

Quaglio(2009)가 드라마 프렌즈(Friends)와 실제 대화의 영어적 특징을 비교한 연구에서 보이듯, 매체 기반 대화도 실제 구어의 특성을 상당 부분 반영한다. 유튜브 영상 역시 대본 기반 콘텐츠와 자발적 발화가 함께 존재하여 장르별 구어 특징을 탐구하기에 적합한 자료이다.

① 유튜브 자료 활용의 장점

유튜브 스크립트는 다음과 같은 장점을 갖는다.

- **장르 다양성**: 인터뷰·토크쇼·브이로그·교육·강연 등 다양한 담화 유형 포함
- **접근성**: 공개 자료 활용 가능
- **구어적 특징의 자연스러운 반영**
- **발화자 정보·맥락 파악 용이**
- **주제 선택의 유연성**: 특정 키워드, 분야, 담화 유형별 코퍼스

구축 가능

예를 들어, 테드 토크(TED Talks)는 공식적·정보 중심적 담화를, 토크쇼나 브이로그는 즉흥적·상호작용적 담화를 반영하므로 서로 다른 구어 양상을 비교 분석할 수 있다.

② 유튜브 스크립트 기반 코퍼스 구축 절차

(1) 영상 선정

- 연구 목적에 맞는 주제·담화 유형 선택
- 발화자 수, 상호작용 정도, 영상 길이 등을 고려
- 예를 들어, 환경 강연(TED), 유명 인사 인터뷰, 영어 학습 브이로그 등

(2) 자막(subtitles) 확보

- 자동 생성 자막(auto-generated) 또는 제작자가 제공한 자막을 다운로드
- 자동 자막은 정확도가 낮으므로 반드시 교정 필요

(3) 전사 및 정제

자막을 그대로 사용하지 않고 다음의 절차를 거쳐 연구 품질을 확보한다.

- 발화 오류·오타·자동 인식 오류 수정
- 시간 코드·불필요한 메타텍스트 제거
- 억양 변화, 중단, 웃음, 침묵 등의 구어적 현상 가능한 한 반영
- 발화자별 라벨링(Speaker A, B 등) 적용

Raso(2014)는 이러한 정제 과정이 구어 코퍼스의 신뢰성과 분석 깊이를 결정한다고 강조한다.

(4) 메타데이터 기록

- 영상 제목·채널명
- 발화자 정보(성별·역할 등)
- 영상 업로드 날짜
- 담화 유형 및 주제

③ 유튜브 기반 구어 코퍼스의 분석 가능성

유튜브 스크립트를 코퍼스로 구축하면 다음과 같은 분석을 수행할 수 있다.

(1) 장르 비교 분석

- 강연 vs. 토크쇼
- 브이로그 vs. 인터뷰

→ 공식성·상호작용성·어휘 선택의 차이 분석

(2) 담화 표지(discourse markers) 조사

- 공식 담화: *so, therefore, indeed* 등
- 비공식 담화: *you know, like, I mean* 등

(3) 상용구 탐색

- 공감 표현: *That's interesting, I see what you mean* 등
- 권유·제안 표현: *You might want to ...* 등

(4) 발화 기능 및 화행 분석

- 동의·거절·요청 등 화행(speech acts)의 실제 사용 양상 탐구

(5) 비원어민 영어 분석

- 한국인 학습자 유튜브 채널 vs 원어민 브이로그 비교를 통해 발화 패턴, 어휘 선택, 오류 유형 분석 가능

유튜브 기반 코퍼스는 사회영어학·담화분석·학습자 영어 연구 등 다양한 분야에서 실증적으로 활용된다.

(6) 교육적·연구적 의의

유튜브 스크립트는 학습자·교사·연구자에게 다음과 같은 학습 가치를 제공한다.

- 실제 구어의 자연스러운 흐름을 가까이서 관찰
- 교실 영어에서 다루기 어려운 억양·감정·상호작용 패턴 체득
- 특정 주제의 구어 어휘·문장 구조 학습
- 학습자 스스로 구어 데이터를 분석하며 자기 발화 패턴을 진단
- 장르·화자의 차이에 따른 구어 사용 패턴의 인식 강화

특히 학습자가 영상 선택·전사·정제·분석의 전 과정을 경험하면, 구어 영어를 단순한 '듣기 자료'가 아니라 **분석 가능한 데이터**로 바라보는 시각을 얻게 된다.

유튜브 스크립트는 구어 코퍼스 구축을 위한 탁월한 실습 자료로, 장르·주제 선택의 유연성, 자연스러운 구어적 특징 반영, 손쉬운 접근성과 실용성, 다양한 담화 분석 가능성이라는 장점을 지닌다. 정교한 전사·정제 과정을 거친 유튜브 기반 코퍼스는 학습·연구에 모두 유용한 자료가 되어, 영어가 실제 상황에서 어떻게 구현되는지 깊이 이해하도록 돕는다.

4) 학습자 코퍼스: 자신의 영어 글/말 분석하기

학습자 코퍼스는 영어 학습자가 실제로 작성하거나 발화한 문장을 체계적으로 수집하여 분석하는 자료로, 단순히 개인의 영어 능력을 평가하는 도구를 넘어 **학습 과정 전체를 객관적으로 성찰하는 분석 기반**을 제공한다. 이는 학습자가 자신의 영어 사용 패턴과 강·약점을 데이터로 확인하고, 향후 학습 방향을 과학적으로 설계하도

록 돕는 자기 주도 학습(self-directed learning)의 핵심 수단이다.

Nesselhauf(2005)는 학습자 영어에는 특정한 규칙성과 오류 패턴이 존재하며, 이를 체계적으로 분석할 때 비로소 영어 습득 과정의 본질을 이해할 수 있다고 강조한다. 즉, 학습자 코퍼스는 오류를 '찾기 위한' 자료가 아니라, **학습자가 영어를 어떻게 인지하고 구성하는지 보여 주는 경험적 지도**이다.

가) 학습자 코퍼스의 구성: 자신의 영어 글과 말 모으기

학습자 코퍼스는 학습자가 직접 생산한 다음과 같은 자료로 구성할 수 있다.

- 영어 에세이
- 프레젠테이션 스크립트(presentation script)
- 영어 일기(diary)
- 토론·발표 발화 녹음
- 면접 연습·회화 수업의 말하기 자료

이러한 자료는 학습자의 영어 능력을 다층적으로 반영하며, 특히 **쓰기(writing)**와 **말하기(speaking)**를 함께 분석하면 두 모드(mode) 간 영어 사용의 차이를 비교·탐색할 수 있다.

학습자 코퍼스 구축의 핵심은 대표성과 일관성을 확보하는 것이다. Kennedy(1998)는 코퍼스 구축에서 대표성은 자료의 양보다 구성의 일관성에서 비롯된다고 하며, 수집 기준을 명확히 설정할 것을 강조한다.

예를 들어,

- 관사 사용 분석이 목적이라면 논증형 에세이를 일정 기간 동안 수집
- 자연스러운 구어 표현 연구가 목적이라면 대화·발화 녹음 중

심으로 자료 확보

와 같이 연구 목적에 맞는 자료 유형을 선별해야 한다.

나) 자료의 디지털화와 메타데이터 관리

학습자 코퍼스를 분석하려면 모든 자료를 **텍스트 기반 형식(.txt)**으로 디지털화해야 한다.

- 손글씨 자료 → 스캔 후 OCR 변환
- 음성 자료 → 전사 수행
- 문단·문장 구분 정비
- 철자, 오류, 오타는 원본 유지(오류 분석 목적일 경우)

또한 파일명 또는 별도 목록을 통해 다음 정보를 **메타데이터**로 기록한다.

- 작성/발화 날짜
- 텍스트 장르(에세이·발표문·일기 등)
- 주제(topic)
- 발화 상황(수업, 개인 연습 등)
- 대상 과목 또는 학습 단계

이 정보는 이후 분석 시 특정 변인(시기, 장르, 수준 등)을 기준으로 필터링·비교할 수 있는 기반이 된다.

다) 학습자 코퍼스 분석: 어휘·문법·담화 패턴 탐색

학습자 코퍼스를 구축하면 다음과 같은 분석이 가능하다.

① 어휘 사용 패턴

- 과도하게 반복되는 어휘(*I think, very* 등)
- 상위 1,000단어에 대한 높은 의존도

- 학술 어휘(AWL)의 부족 여부

② 연어 분석

- 부적절한 결합(*make a photo → take a photo*)
- 특정 단어와 반복적으로 나타나는 비원어민 패턴

③ 문법 구조 및 오류 분석

- 관사·전치사 오류
- 시제·수 일치 문제
- 단조로운 문장 구조(Simple SVO 중심)

④ 담화 전개 방식 분석

- 논리적 연결어 사용 패턴
- 문단 구성과 주장 전개의 일관성
- 말하기 자료의 차례 교대 및 자기 수정 패턴

Gilquin(2008)은 학습자 코퍼스가 학습자 영어와 원어민 영어의 차이를 실증적으로 드러내는 현미경이라고 표현한다. 예를 들어 원어민 코퍼스(BNC, COCA)와 학습자 코퍼스를 비교하면, 동일한 주제에서도 어휘·문법·담화 전략의 차이가 구체적으로 드러난다.

라) 학습자 중심·교사 중심의 교육적 의의

① 학습자:

- 자신의 영어 사용을 객관적 '데이터'로 바라보는 경험
- 반복적 오류와 표현 습관 확인
- 자연스러운 영어 표현과 원어민 패턴 비교를 통한 학습 방향 설정
- 구어·문어 두 영역의 영어 능력 변화 추적 가능
- 자기 주도적 학습 전략 수립(self-directed learning)

② **교사:**

- 특정 학습자 집단의 공통 오류 유형 파악
- 수준별 맞춤 교수 설계
- 교재 개발·수업 자료 제작을 위한 실증적 근거 확보

즉, 학습자 코퍼스는 교사가 '추측'이 아니라 **데이터 기반(evidence-based)**으로 학습자를 이해하도록 돕는 중요한 도구이다.

학습자 코퍼스 구축과 분석은 단순한 학습 과제가 아니라, **자신의 영어를 과학적으로 탐구하는 과정**이다.

학습자는 데이터를 통해 자신의 영어 사용 흔적을 관찰하고, 영어 습득의 단계와 경향을 스스로 이해하게 된다.

이 과정은 영어 학습을 암기 중심에서 벗어나 **관찰·질문·탐구 중심의 학문적 학습 경험**으로 전환시키며, 코퍼스 영어학의 실천적 가치를 가장 직접적으로 체득하게 한다.

5) 요약

미니 코퍼스 구축은 코퍼스 영어학의 핵심 접근방법인 **실제 영어 사용의 경험적 탐구**를 가장 직접적으로 실천하는 과정이다. 이는 대규모 코퍼스 연구의 축소판이자, 학습자가 영어 자료를 스스로 수집·정제·분석하는 전 과정을 경험하며 영어 연구의 실제 절차와 사고방식을 체득하는 학습 활동이다.

미니 코퍼스 구축은 크게 세 단계로 이루어진다.

1. **자료 수집(data collection)**
   - 연구 목적에 따라 적절한 문어·구어 자료를 선별
   - 대표성(representativeness)과 표본성(sampling)의 원칙을 반영하여 균형 있는 자료 확보

2. **텍스트 정제(data cleaning)**

- 불필요한 기호·광고·중복 정보 제거
- 구어 자료의 경우 전사(transcription)를 통해 음성을 텍스트로 변환
- 정제된 텍스트는 코퍼스 분석 도구에서 안정적으로 처리 가능

3. **도구 활용(data analysis)**

- 안트콘크, 안트워드프로파일러, 태그안트 등을 사용해 어휘 빈도, 연어, 품사 패턴 등 다양한 영어적 특징 탐색

미니 코퍼스의 장점은 **작지만 깊이 있는 분석**이 가능하다는 점이다. 규모가 작기 때문에 개별 텍스트의 맥락과 영어적 특징을 더 세밀하게 관찰할 수 있으며, 구축 과정 전체에 직접 참여함으로써 데이터의 의미를 깊게 이해하게 된다.

예를 들어,

- **문어 코퍼스**에서는 뉴스 기사·에세이의 어휘 선택, 논리 구조, 장르적 특징을 비교적으로 분석할 수 있다.
- **구어 코퍼스**에서는 중단·필러·담화 표지 등 실제 발화의 상호작용적 특징을 탐구할 수 있다(Raso, 2014).
- **학습자 코퍼스**에서는 학습자 자신의 영어 사용 경향(어휘 반복, 문법 오류, 담화 전개 방식 등)을 실증적으로 확인할 수 있다(Nesselhauf, 2005).

미니 코퍼스 구축은 데이터 기반 탐구의 대표적 형태이기도 하다. 학습자는 스스로 구축한 자료를 분석하며 영어의 규칙을 '배우는 것'이 아니라 **발견하는 과정**을 경험하게 된다. Gilquin(2008)은 이를 학습자가 분석가로 성장하는 자기 주도적 탐구 과정이라고 설명한다.

더불어 미니 코퍼스 구축은 코퍼스 영어학의 네 가지 핵심 원칙인 **대표성(representativeness), 표본성(sampling), 유한성**

(finiteness), 검색 가능성(searchability)을 자연스럽게 익히는 실천적 학습 과정이다(Lüdeling & Kytö, 2008).

미니 코퍼스 구축은 단순한 실습을 넘어, 학습자가 자신의 영어를 객관적으로 바라보고, 영어의 패턴을 데이터 속에서 탐색하며, 연구자로서의 시각을 형성하게 하는 중요한 학문적 훈련이다. 작은 코퍼스라도 일관된 원칙에 따라 구축하면 충분한 연구적 의미를 가지며, 학습자에게는 영어를 '지식'이 아닌 **살아 있는 데이터**로 이해하는 귀중한 경험이 된다.

6) 추천 활동

미니 코퍼스를 직접 구축해 보는 경험은 코퍼스 영어학의 핵심 원리를 실천적으로 익히게 한다. 아래 활동들은 문어·구어·학습자 코퍼스의 구축 원리를 실제로 적용해 볼 수 있도록 설계되었다. 각 활동은 간단한 자료 수집부터 기본적인 분석까지 포함하며, 데이터 기반 탐구의 감각을 키우는 데 효과적이다.

가) 관심 주제(environment, sports 등)의 뉴스 기사 10편을 모아 문어 미니 코퍼스 만들기

① 활동 목적

- 특정 주제의 뉴스 담화를 구성하는 핵심 어휘·문법·연결어 패턴을 이해한다.
- 문어 코퍼스 구축의 기본 절차(수집-정제-메타데이터 기록)를 실습한다.

② 활동 절차

1. 온라인 영자신문에서 관심 있는 주제(environment, sports 등)를 검색한다.

2. 최근 기사 10편을 선택하여 텍스트 파일(.txt)로 저장한다.
3. 기사별로 출처, 발행일, 키워드를 간단히 기록한다.
4. 파일을 하나의 폴더에 정리하여 소규모 문어 코퍼스를 구성한다.
5. 안트콘크를 이용하여 워드리스트와 연어를 추출한다.

③ 기대 효과

• 뉴스 장르의 어휘적·구문적 특징을 데이터 기반으로 분석할 수 있다.
• 문어 코퍼스 구축의 기본 절차를 익힐 수 있다.

나) 유튜브 영어 대화 영상 전사하여 구어 미니 코퍼스 만들기

① 활동 목적

• 구어 영어의 상호작용적 특징을 관찰하고, 전사 작업의 중요성을 이해한다.

② 활동 절차

1. 유튜브에서 짧은 영어 대화 영상(인터뷰, 토크쇼 클립, Vlog 등)을 선택한다.
2. 영상 내용을 직접 듣고 전사하여 텍스트를 작성한다.
3. 화자별 구분(Speaker A, B)과 주요 비영어적 요소(웃음, pause 등)를 표기한다.
4. 전사문을 기반으로 안트콘크에서 담화 표지(disourse markers), 필러(fillers) 등을 분석한다.

③ 기대 효과

• 구어의 자연스러운 표현, 중단, 반복, 필러 사용 등 구어적 특징을 직접 체감할 수 있다.
• 구어 자료의 전사·정제 절차를 실제로 경험할 수 있다.

다) 자신의 영어 글을 학습자 코퍼스로 만들고 워드리스트·연어 분석하기

① 활동 목적

- 자신의 영어 사용 패턴과 반복적 표현을 데이터로 확인하여 자기 주도 학습 전략을 수립한다.

② 활동 절차

1. 작성했던 영어 에세이 3~5편을 선택한다.
2. 파일을 하나의 텍스트 문서로 통합하여 개인 학습자 코퍼스를 만든다.
3. 안트콘크로 워드리스트를 추출하고, 특정 단어(*I think, result* 등)의 연어를 분석한다.
4. 과도한 반복 표현, 어휘 다양성 부족, 문장 구조의 단조로움 등을 점검한다.

③ 기대 효과

- 자신의 글쓰기 습관을 객관적으로 파악하고 개선 방향을 설정할 수 있다.
- 학습자 코퍼스의 의의(데이터 기반 성찰)를 자연스럽게 체득한다.

7) 추천 읽기 자료

미니 코퍼스 구축과 코퍼스 기반 실습을 더욱 깊이 있게 이해하기 위해 다음 자료들을 참고할 수 있다. 각 저작은 문어·구어·학습자 코퍼스 구축, 전사, 주석, 교육적 활용 등 본 절에서 다룬 핵심 개념과 직접적으로 연결된다.

- **Hunston, S. (2002).** ***Corpora in Applied Linguistics.***
  응용 영어학에서 코퍼스 활용 방법을 체계적으로 정리한 책으로, 학습자 코퍼스·담화 분석·코퍼스 기반 교수법 등을 폭넓게 다룬다.

- Kennedy, G. (1998). *An Introduction to Corpus Linguistics.*
코퍼스 영어학의 기본 개념·원리·도구 사용을 종합적으로 제시한 입문서로, 문어·구어 코퍼스 구축과 대표성·표본성 개념 이해에 유익하다.

- Nesselhauf, N. (2005). *Collocations in a Learner Corpus.*
학습자 코퍼스에서 나타나는 연어 오류와 학습자 영어의 특징을 실증적으로 분석한 대표 연구이다.

- O'Keeffe, A., McCarthy, M., & Carter, R. (2007). *From Corpus to Classroom.*
코퍼스 자료가 교실 수업에서 어떻게 활용될 수 있는지를 구체적으로 설명한 저작으로, 코퍼스 기반 영어교육(ELT)의 실천적 사례를 제공한다.

- Quaglio, P. (2009). *Television Dialogue: The Sitcom Friends vs. Natural Conversation.*
미디어 대화와 자연대화를 비교한 연구로, 구어 자료의 장르별 특징 분석에 유용한 관점을 제공한다.

- Raso, T., & Mello, H. (Eds.). (2014). *Spoken Corpora and Linguistic Studies.*
구어 코퍼스 구축·전사·발화 분석을 집중적으로 다루며, 구어 자료 연구의 실제적 절차를 상세히 제시한다.

- Sinclair, J. McH. (1991). *Corpus, Concordance, Collocation.*
연어, 동시출현(KWIC), 코퍼스 중심 영어 연구의 이론적 기초를 제공하는 핵심 저작이다.

- Tribble, C., & Jones, G. (1997). *Concordances in the*

Classroom.

KWIC, 연어 분석 등 코퍼스 탐색 활동을 수업에 적용하는 전략을 소개하며, 데이터 기반 학습(DDL)의 초기 고전으로 평가된다.

제3장

코퍼스 활용하기

제3장

코퍼스 활용하기

가 원어민 영어 살펴보기

1) 들어가기

코퍼스 영어학의 가장 큰 매력 가운데 하나는 영어를 '이상적 문장(ideal sentence)'의 관점이 아니라, **실제 사용 속에서 드러나는 살아 있는 형태**로 관찰할 수 있다는 점이다. 특히 원어민 화자의 영어 사용을 탐구하는 일은 코퍼스 연구의 핵심이자, 영어 학습자가 영어를 보다 깊이 이해하는 데 중요한 학문적 여정이다.

전통적인 영어 교육은 문법 규칙, 사전적 정의, 교재 속 예문을 중심으로 이루어져 왔다. 그러나 Kennedy(1998)가 지적하듯, 영어는 교과서 안에서 닫힌 체계가 아니라 **현실의 맥락 속에서 의미를 형성하는 사회적 실체**이다. 즉, 규칙이나 단어 목록만으로는 원어민이 어떤 표현을 선택하는지, 어떤 단어를 더 자주 사용하는지, 그 표현이 어떤 맥락에서 쓰이는지를 충분히 설명하기 어렵다.

예를 들어, 교재에서는 *say*와 *tell*을 모두 '말하다'로 제시하지만 실제 코퍼스를 분석해 보면 두 동사는 서로 다른 기능적 패턴을 지닌다. *say*는 인용 내용이나 직접 발화를 전달할 때 자주 사용되고, *tell*은 상대에게 정보를 제공하거나 지시를 전달하는 대화적 맥락에서 더 빈번하다. 이러한 차이는 사전 정의만으로는 포착하기 어렵지만, 원어민 코퍼스를 통해 빈도와 문맥을 비교하면 분명하게 드러난다.

Sinclair(1991)는 코퍼스를 영어 패턴의 세계를 여는 창(window)이라고 표현했다. 원어민 코퍼스를 통해 우리는 영어를 '문법 지식'이 아닌 '사용의 지식'으로 확장할 수 있다. 신문 기사, 소설, 학술 논문과 같은 문어 자료를 분석하면 구조화된 글쓰기에서 나타나는 형태적·어휘적 특징을 확인할 수 있고, 대화·인터뷰·방송·영화 대본 등 구어 자료를 분석하면 자연스럽고 즉흥적인 발화의 패턴을 관찰할 수 있다. Biber 외(1999)는 문어와 구어를 영어의 두 얼굴(two faces of English)이라 하며, 각 담화 유형이 서로 다른 문법, 어휘, 기능적 목적을 가진다고 설명한다.

따라서 원어민 영어를 코퍼스로 탐구하는 일은 단순히 '원어민처럼 말하기'를 목표로 하는 차원을 넘어, **영어가 사회적 맥락 속에서 어떻게 작동하며 의미를 구성하는지**를 이해하는 데 중요한 학문적 과정이다. 이는 영어를 외국어 학습의 대상으로만 바라보는 시각에서 벗어나, 영어를 하나의 데이터이며 동시에 문화적 산물로 인식하는 관점으로 이어진다.

코퍼스를 활용하면 원어민 영어의 빈도와 패턴, 의미의 미묘한 차이를 객관적으로 탐구할 수 있으며, 학습자는 영어의 구조와 다양성을 스스로 발견하는 경험을 하게 된다. 이 장에서는 문어와 구어 코퍼스를 통해 원어민이 사용하는 영어의 특징을 구체적으로 탐구하고, 장르별·상황별 영어 사용의 차이를 실증적으로 살펴보고자 한다. 이러한 탐구는 영어의 리듬과 논리, 사회적 의미 형성 방식을 깊이 이해하는 데 중요한 출발점이 될 것이다.

2) 문어 코퍼스: 신문, 소설, 학술 논문

문어 코퍼스는 신문 기사, 소설, 학술 논문 등 다양한 장르에 걸친 텍스트를 포함하며, 각 장르는 서로 다른 영어적·담화적 특징을 지닌다. 문어 자료는 구어에 비해 구조적으로 안정적이며, 특정 장르의 특징을 비교적 명확하게 반영한다는 점에서 코퍼스 영어학 연구의 핵심 기반이 된다. Biber 외(1999)는 문어 장르를 특정 목적과 관습에 따라 조직된 영어의 구조적 흔적이라고 설명하며, 장르 간의 차이가 영어 선택과 문법 구조에 직접적인 영향을 미친다고 강조한다.

다음에서는 신문, 소설, 학술 논문이라는 세 대표 장르를 중심으로 문어 코퍼스의 특징과 분석 가능성을 살펴본다.

가) 신문 기사: 시의성과 정보 중심의 영어

신문 텍스트는 사회적 사건, 정치·경제·문화 이슈를 빠르게 전달해야 하므로 다음과 같은 특징을 보인다.

- **정보 중심성(information-oriented)**: 핵심 내용을 간결하게 전달하는 구조
- **높은 객관성 지향**: 제3자적 서술, 간접 인용 빈번
- **핵심 어휘 집중**: *economy, policy, crisis, climate* 등 이슈 중심 단어 반복
- **담화 관습**: 제목-리드-본문 구조, 인용(*according to ...*)의 규칙적 사용

예를 들어 '기후 변화(*climate change*)' 기사에서는 *climate, emission, carbon, policy*와 같은 단어가 반복적으로 등장해 해당 텍스트의 주제적 초점을 형성한다.

신문 코퍼스를 분석하면 다음을 탐색할 수 있다.

- 주제별 핵심 어휘 및 연어 패턴

- 시기·사건에 따른 담화 변화
- 매체(보수 vs. 진보)에 따른 표현 또는 프레이밍 차이
- 헤드라인과 본문의 문체적 차이

나) 소설: 서사적 담화와 인물 중심 영어

소설 텍스트는 서사 구조와 인물의 심리·대화를 중심으로 전개되기 때문에 다음과 같은 특징을 보인다.

- **서사적 표현(narrative language)**: 묘사·심리·배경 설명이 많음
- **다양한 어휘·문장 구조**: 은유·비유·관용 표현 등 문학적 장치 사용
- **문체적 개성**: 작가 고유의 리듬, 구문 선택, 어휘적 선호
- **대화문 포함**: 반구어적 표현·구어적 패턴 일부 반영

예를 들어 부사 + 동사 패턴(*quietly said*, *slowly walked*)이나 고유한 은유적 표현은 소설 장르에 특화된 요소이다.

소설 코퍼스를 통해 다음과 같은 분석이 가능하다.

- 인물 간 대화 패턴 분석
- 서사 구조에 따른 어휘·문장 길이 변화
- 감정 표현 어휘 분포
- 작가별 문체(stylistics) 분석

다) 학술 논문: 명료성·논리성을 중심으로 한 형식적 영어

학술 논문은 학문 공동체 내에서 지식을 전달·검증하기 위한 텍스트로, 가장 구조화되고 규범화된 문어이다. 주요 특징은 다음과 같다.

- **형식적·객관적 문체**
- **전문 어휘 사용**: *method, data, analysis, significance* 등
- **문장 구조의 안정성**: 명사화(nominalization), 수동태, 복합문 구조 빈번
- **담화 구조의 규범화**: 서론–방법–결과–논의(IMRD) 구조
- **인용과 근거 제시**: *according to, as suggested by* 등 인용 구조 반복

학술 코퍼스를 분석하면 다음이 가능하다.

- 학문 분야별 어휘·문법 패턴 비교
- 학술적 연결어(*therefore, however* 등) 사용 빈도 분석
- 문장 길이·구문 복잡성 분석
- 인용 패턴·담화 구조 분석

Hunston(2002)은 학술 텍스트 분석이 학습자에게 학문적 글쓰기의 암묵적 규범(discourse conventions)을 명확히 이해하도록 돕는다고 설명한다.

라) 문어 코퍼스를 통한 비교·대조 분석

세 장르는 기능적 목적과 담화 요구가 다르기 때문에 자연스럽게 다음과 같은 차이를 보인다.

장르	핵심 특징	대표 분석 항목
신문	정보 중심, 시의성, 객관성	키워드·연어·프레이밍 비교
소설	서사성, 묘사·심리, 문체성	감정 어휘, 대화문 패턴, 문체 분석
학술 논문	형식성, 논리성, 전문성	문장 구조·명사화·인용 패턴

이러한 비교는 영어의 장르적 다양성과 기능적 차이를 이해하는 데 매우 유용하다.

마) 교육적·연구적 의의

문어 코퍼스 분석은 다음의 교육적 효과를 제공한다.

- 학습자는 장르별 영어 사용의 차이를 객관적으로 이해함
- 글쓰기 지도에서 장르별 예시·문형·연결어를 실증적으로 제시 가능
- 원어민 문어의 실제 패턴을 자료 기반으로 관찰할 수 있음
- 문체(stylistics)·담화(discourse)·번역 연구의 실증적 근거 제공

학습자는 문어 영어의 실제 패턴을 발견함으로써 글쓰기·읽기 능력을 보다 합리적이고 전략적으로 향상시킬 수 있다.

문어 코퍼스(신문, 소설, 학술 논문 등)는 서로 다른 목적과 담화 관습을 가지고 있으며, 각 장르의 영어적 특징은 코퍼스를 통해 구체적으로 탐색할 수 있다. 문어 코퍼스 분석은 영어의 장르별 기능과 역할을 이해하게 하고, 교육·연구·실천 영역에 폭넓게 활용될 수 있는 견고한 자료 기반을 제공한다.

3) 구어 코퍼스: 대화, 인터뷰, 영화 대본

구어 코퍼스는 자연스럽게 발화된 영어를 기반으로 영어의 상호작용적·즉흥적 특성을 탐구하는 데 핵심 자료가 된다. 문어가 완결성과 안정성을 중시하는 반면, 구어는 **실시간 상호작용 속에서 의미를 구성하는 영어의 역동성**을 가장 잘 보여 준다. Kennedy (1998)는 구어 자료를 영어가 사회적 관계 속에서 기능하는 모습을 직접적으로 드러내는 영어의 현장 기록이라고 정의한다.

구어 코퍼스는 실제 대화, 인터뷰, 방송 대본, 영화·드라마 스크립트 등 다양한 자료로 구성되며, 장르에 따라 서로 다른 특징과 영어적 패턴을 보여 준다.

가) 일상 대화: 자연발화의 생동감

일상 대화는 구어 코퍼스 중 가장 자연스럽고 비형식적 자료로, 다음과 같은 특징을 지닌다.

- **즉흥성(spontaneity)**: 문장이 중간에 끊기거나 수정(self-repair)되는 경우가 빈번
- **반구어적 표현**: 필러(*uh, um* 등), 감탄사(*oh, wow* 등), 담화표지(*you know, I mean*) 등
- **상호작용성(interactionality)**: 차례 교대(turn-taking), 겹말(overlaps), 되받기(backchannel) 등
- **맥락 의존성**: 주변 정보와 비영어적 단서에 크게 의존

예를 들어,

You know, I was kinda thinking ...

과 같은 표현은 실제 대화에서 매우 자주 나타나지만 교과서에서는 잘 다뤄지지 않는 구어적 특징이다.

나) 인터뷰: 반공식적·정보 중심 담화

인터뷰는 대화보다 구조화되어 있으며, 다음과 같은 특성을 보인다.

- **역할 기반 영어**: 질문자–응답자의 명확한 역할 분리
- **정보 중심 질문**: *why, how, what prompted ...* 등 정보 추출형 질문
- **조직화된 담화 구조**: 서론–질문–추가 질문–정리 단계
- **형식성과 구어성의 혼합**: 비교적 정확한 문장 사용 + 즉흥적 발화 혼재

인터뷰 코퍼스는 다음 분석에 유용하다.

- 질문 유형(question types) 분석
- 응답자의 설명·의견·전환 표현
- 정치인·전문가·연예인 등 특정 집단의 담화 특징 분석
- 권력·정중성 등 사회영어학적 요소 탐구

다) 영화·드라마 대본: 자연성과 구성의 절충

영화와 드라마 대본은 허구적이지만, 실제 구어 특징을 상당 부분 반영한다. Quaglio(2009)는 프렌즈(Friends) 대화가 실제 대화와 유사한 구어적 패턴을 다수 포함한다고 주장하며, 스크립트 자료가 구어 학습·연구에 유의미한 자원이 될 수 있음을 보여 준다.

특징은 다음과 같다.

- **자연스러움을 모방한 발화**: 친밀한 대화·감정 표현 풍부
- **서사 목적 반영**: 감정 고조, 갈등 구조 등을 표현하기 위해 영어 선택이 강화
- **구어적 요소 포함**: 필러·감탄사·담화표지 적극 반영
- **발음 축약·구어적 표현 빈번**: *wanna, gonna, kinda* 등

영화 대본은 다음 분석에 활용된다.

- 구어의 감정 표현 양상
- 친밀한 관계·낮은 사회적 거리에서의 영어 사용
- 특정 캐릭터의 말하기 습관·담화 전략
- 사회문화적 배경이 반영된 표현 분석

라) 구어 코퍼스의 분석 가능성

구어 코퍼스를 활용하면 다음과 같은 실증적 분석이 가능하다.

① 담화표지(discourse markers) 분석

예: *I mean, you know, kind of, well* 등

② 상호작용 분석

- 차례 교대(turn-taking)
- 겹침(overlap), 끼어들기(interruption)
- 맞장구(backchannel) 패턴

③ 화행(speech acts) 분석

- 제안, 요청, 거절, 공감 등 실제 상황 기반 화행 패턴 관찰

④ 사회영어학적 분석

- 연령·성별·집단별 구어 패턴 차이
- 공식·비공식 담화의 대비
- 지역 방언, 발음 변이

⑤ 구어와 문어의 비교

- 문장 길이·구문 복잡성 차이
- 어휘적 선택(담화표지, 감정 표현 등)의 분포 차이

⑥ 교육적·연구적 의의

구어 코퍼스 분석은 다음과 같은 의미를 갖는다.

- 학습자는 원어민의 실제 발화 패턴을 관찰하며 **자연스러운 영어 사용**을 체득한다.
- 교사는 구어·문어 차이를 실제 자료 기반으로 설명할 수 있어 **담화 중심 수업 설계**가 가능해진다.
- 연구자는 사회적 맥락 속에서 영어가 어떻게 기능하는지 실증적으로 탐구할 수 있다.
- 영화·인터뷰 등의 대조 분석은 영어 표현의 사회문화적 배경

을 이해하는 데 도움이 된다.

구어 자료는 영어가 사회적 상황 속에서 어떤 방식으로 '사용'되고 '조정'되는지를 보여 주기 때문에 영어 교육·담화 분석·사회영어학 연구에서 중요한 자료적 기반이 된다.

대화, 인터뷰, 영화 대본 등 구어 코퍼스 자료는 서로 다른 방식으로 원어민의 자연스러운 영어 사용을 반영한다. 구어 코퍼스를 분석하면 즉흥적·상호작용적 영어의 특성을 실증적으로 확인할 수 있으며, 학습자는 이를 통해 교과서에 나타나지 않는 **현실적 영어(real English)**의 구조와 패턴을 이해할 수 있다.

4) 문어·구어 비교: 장르, 상황, 표현 차이

영어는 사용되는 **장르(genre)**, **상황(context)**, **사회적 목적(function)**에 따라 서로 다른 방식으로 구성된다. 같은 영어라도 문어(written English)와 구어(spoken English)는 어휘 선택, 문장 구조, 담화 구성 면에서 뚜렷한 차이를 보인다. Biber 외(1999)는 문어와 구어를 서로 다른 영어적 압력이 작용하는 두 개의 담화 체계라고 설명하며, 각 담화 유형이 고유한 문법·어휘·기능을 지닌다고 강조한다.

문어·구어의 차이를 비교하는 일은 단순한 형식적 차이를 관찰하는 것이 아니라, **영어가 사회적 목적을 위해 어떤 방식으로 선택되고 배열되는지**를 이해하는 중요한 과정이다.

가) 문어(written English)의 특징: 구조·정확성·정보성

문어는 다음과 같은 특성을 보인다.

- **정확성(formality)** 강조
  - o 문장 구조가 완결적, 문법적 오류 적음

o 문장 간 논리적 연결 및 명확성 중요

- **복잡한 구문 구조(complex syntax)**
  - o 관계절, 명사화(nominalization), 수동태 구조 빈번
  - o 평균 문장 길이가 구어보다 길고 정보 밀도가 높음
- **어휘 선택의 정확성**
  - o 전문적·추상적 어휘 사용
  - o 예: *analysis, significance, however, consequently* 등
- **맥락 독립성**
  - o 독자의 이해를 위해 명시적 정보 제공
  - o 구어보다 설명·정의·근거 제시가 훨씬 상세

예를 들어, 학술 논문 문장은 *The results indicate that ...*과 같이 명확한 논증과 구조를 중심으로 전개된다.

나) 구어(spoken English)의 특징: 즉흥성·상호작용성·맥락 의존성

구어는 실시간 상호작용에서 이루어지므로 다음과 같은 특성을 보인다.

- **즉흥성(spontaneity)**
  - o 문장이 중간에 끊기거나 수정(self-repair)
  - o *you know, I mean, well* 등 필러·담화표지 빈번
- **상호작용성(interactionality)**
  - o 차례 교대, 겹말, 되받기(*oh, right* 등)
  - o 발화가 사회적 관계·거리(social distance)에 영향 받음
- **짧은 문장, 단순 구문**
  - o 짧은 단위로 끊어서 말함
  - o 문법적으로 비완전한 문장도 흔함

- **맥락 의존성(context-dependency)**
  - o 현장 정보·표정·억양·비영어적 단서에 크게 의존
  - o 설명이 축약되는 경우 많음

    예: *There it is!, Like this!*

구어는 문법 정확성보다 **관계 유지·의사소통의 흐름 유지**가 더 중요하다.

다) 문어·구어의 영어적 차이 비교 표

구분	문어	구어
목적	정보 전달·논증·기록	상호작용·관계 형성·즉흥적 소통
문장 구조	길고 복잡함, 완결성 높음	짧고 단순, 비완전문 많음
어휘	추상적·전문적 어휘	일상적·감정적 어휘
문법	정확성·형식성 강조	오류·수정 가능, 구조 유동적
담화 구성	명시적 구조, 논리적 전개	담화표지·필러 활용, 맥락 의존
예시	*However, the evidence suggests ...*	*You know, I mean, it's like ...*

문어와 구어는 모두 영어이지만, 영어가 사용되는 **맥락과 목적**이 다르기 때문에 서로 다른 패턴을 보인다.

라) 분석 가능성: 코퍼스가 드러내는 차이

코퍼스를 활용하면 문어·구어의 차이를 객관적으로 확인할 수 있다.

① 어휘 빈도 비교

- 구어: *like, yeah, you know, really* 등
- 문어: *analysis, policy, evidence, therefore* 등

② 문장 길이·복잡성

- 문어가 평균적으로 더 길고 복잡

• 구어는 구 단위·절 단위가 짧고 끊어짐

③ 담화표지(disourse markers) 분포

• 구어에서 훨씬 높은 빈도
• 문어에서는 드물거나 기능이 제한됨

④ 문법 패턴 차이

• 문어: 명사화(*development of ...*, *expansion of ...* 등), 수동태(*is conducted* 등)
• 구어: 1인칭·2인칭 주어 중심, 단문 중심, 축약형(*gonna*, *wanna* 등) 활성

마) 교육적·연구적 의의

문어·구어의 차이를 코퍼스로 분석하면 다음과 같은 교육적 효과가 있다.

• 학습자는 **장르별 영어 사용 차이**를 객관적으로 이해하여 상황에 적합한 영어를 선택할 수 있다.
• 교사는 문어·구어 특징을 실제 자료 기반으로 설명하며, 글쓰기·말하기 수업을 보다 효과적으로 설계할 수 있다.
• 연구자는 사회적 맥락에 따라 영어가 어떻게 변형·조정되는지 실증적으로 탐구할 수 있다.

특히 영어 학습자에게는 '구어적 자연스러움'과 '문어적 정확성'의 균형을 이해하는 데 중요한 통찰을 제공한다.

문어와 구어는 기능·맥락·구조·어휘 선택에서 명확한 차이를 보인다. 코퍼스 분석은 이러한 차이를 객관적으로 탐구하게 하며, 학습자에게 문어·구어 영어의 실제 패턴을 이해하도록 돕는다. 이러한 비교는 영어 사용 능력을 상황 맞게 확장하는 데 핵심적인 역할을 수행한다.

5) 표현의 자연스러움: 연어와 정형 표현

원어민의 영어는 개별 단어의 조합이 아니라, **반복적으로 함께 쓰이는 어휘 결합(연어)**과 **고정적·상용화된 표현(formulaic language)**을 기반으로 구성된다. Sinclair(1991)는 영어를 창조성보다 반복성이 더 큰 체계라고 설명하며, 자연스러운 영어를 이해하기 위해서는 이러한 패턴을 실증적으로 관찰하는 과정이 필수적이라고 강조한다.

예를 들어, 다음과 같은 표현은 문법적으로는 다양한 조합이 가능하지만 실제 원어민 영어에서는 특정 결합이 압도적으로 자주 등장한다.

- *strong coffee* (자연스러움) vs. *powerful coffee* (문법적으로 가능하나 거의 사용되지 않음)
- *make a decision* vs. *do a decision*
- *heavy rain, take a break, pay attention* 등

이러한 표현은 사전적 정의만으로는 도출하기 어렵고, 반드시 **실제 사용 데이터(코퍼스)**를 통해 확인해야 자연스러운 결합을 정확히 파악할 수 있다.

가) 연어: 단어들이 선택하는 '동반자'

연어는 특정 단어들이 함께 나타나는 경향을 말한다. Sinclair (1991)는 단어는 자신의 동반자(words choose their company)를 선택한다고 하며 연어의 중요성을 강조했다.

① 연어의 특징

- 개별 단어의 의미 이상으로 **결합의 자연스러움**을 결정
- 의미적 경향(semantic prosody) 형성
- 장르·상황에 따라 결합 패턴이 달라짐
- 원어민 직관(native intuition)을 반영하는 핵심 요소

② 예시

- *commit a crime, commit suicide* → *commit*은 부정적 어휘와 결합하는 경향
- *high temperature* vs. *tall temperature*
- *raise an issue, address a concern*

영어의 자연스러움을 이해하려면 이러한 패턴을 코퍼스로 직접 탐색하는 과정이 필요하다.

나) 정형 표현: 자주 반복되어 굳어진 표현

정형 표현은 빈번한 사용을 통해 고정된 형태로 굳어진 표현을 의미한다.

① 특징

- 학습자 유창성(fluency)의 핵심 요소
- 영어 처리 속도 강화(인지적 효율성)
- 학습자가 교재에서는 접하기 어려운 자연스러운 표현 포함
- 장르·화행(speech act)과 밀접하게 관련됨

② 예시

- *You know what I mean, It turns out that ..., I have no idea*
- *At the end of the day, The thing is ..., As far as I know*
- 구동사·관용표현: *set up, figure out, look forward to*

원어민 발화에서 상용구는 담화의 흐름을 유지하고 상대와의 상호작용을 부드럽게 만들며, 상황에 적합한 반응을 즉각적으로 제공하는 기능을 수행한다.

다) 코퍼스로 분석하는 표현의 자연스러움

원어민 영어에서 자연스러운 표현을 이해하려면, 실제 데이터를 기반으로 연어·상용구를 탐색해야 한다. 코퍼스 분석은 다음과 같은 절차를 통해 이루어진다.

① 특정 단어 검색(concordance/KWIC)

예: *take*, *break*, *attention* 검색 → 연어 범위 확인

② 빈도 분석

- *take a* + N 구조에서 어떤 명사가 자주 등장하는지 확인
- *make a* ___ 패턴과 비교하여 기능 차이 파악

③ semantic prosody 확인

- 단어가 긍정·부정 맥락과 함께 나타나는 경향 분석
  예: *cause*는 문제·손해와 결합, *provide*는 혜택·서비스와 결합

④ 장르·구어/문어 비교

- 구어: *you know, kind of*
- 문어: *significantly, evidence suggests that ...*

이러한 분석을 통해 학습자는 단순히 표현을 암기하는 것이 아니라, **영어의 실제 패턴을 이해하고 활용하는 능력**을 갖추게 된다.

라) 학습자에게 중요한 이유

연어·상용구의 습득은 학습자에게 다음과 같은 이점을 제공한다.

① 학습자 관점

- 자연스러운 표현 선택 능력 향상
- 반복적 오류 감소(*do a mistake* → *make a mistake*)

- 구어 유창성 증가
- 문어 글쓰기에서 장르별 적합한 표현 사용 가능

② 교육자 관점

- 데이터 기반으로 특정 표현을 가르칠 수 있어 신뢰도 높은 수업 설계 가능
- 교재 개발 시 실제 사용 빈도에 기반한 예문 구성
- 학습자의 연어 사용 오류를 체계적으로 진단 가능

Hunston(2011)은 연어·상용구 학습을 영어 능력의 자동화된 부분을 구성하는 핵심 과정이라고 설명한다.

연어와 상용구는 원어민 영어의 자연스러움을 구성하는 두 축이다. 코퍼스 분석은 이러한 패턴을 객관적으로 탐색하게 하며, 학습자는 실제 영어 사용에 기반한 표현 선택 능력을 기를 수 있다. 결국 자연스러운 영어는 규칙 암기의 결과가 아니라 **반복된 사용 속에서 형성된 패턴을 이해하고 활용하는 능력**에서 비롯된다.

6) 원어민 영어의 장르별 비교

원어민 영어는 하나의 단일한 형태가 아니라, **장르(genre)**와 **담화 상황**에 따라 다양한 영어적 변이를 보인다. 즉, 영어 사용은 '정확한 문법 규칙'보다 **사회적 목적, 맥락, 형식성 수준(formality)**에 따라 달라지며, 장르별 영어 차이를 이해하는 것은 원어민 영어의 현실적 사용 모습을 분석하는 데 중요한 과정이다. Biber 외(1999)는 장르를 영어적 선택과 담화 관습을 조직하는 근본적 차원으로 규정하며, 장르 연구가 영어 이해의 핵심이라고 강조했다.

코퍼스 분석을 통해 이러한 장르별 특징을 실증적으로 비교함으로써, 학습자는 교과서적 영어가 아닌 **실제 영어(real English)**의 다층적 구조를 이해하게 된다.

가) 공식적 문어 장르(formal written genres)

예: 학술 논문, 보고서, 정책 문서, 신문 사설 등

① 주요 특징

- **높은 형식성(formality)**: 추상적·전문적 어휘 사용
- **명시적 논리 구조**: 명사화(nominalization), 복합문, 수동태 빈번
- **객관성 강조**: 제3자적 서술, 인용 패턴 고정
- **정보 밀도 높음**

② 예시

- *It is widely accepted that ...*
- *The results indicate that ...*

공식 문어 장르는 영어의 **정확성·논리성·정제된 구조**를 중심으로 조직된다.

나) 비공식 구어 장르(informal spoken genres)

예: 일상 대화, 친구 간 대화, 토크쇼 등

① 주요 특징

- **즉흥성(spontaneity)**: 문장 중단·수정·반복 빈번
- **구어적 표현**: 필러(*uh, um*), 담화표지(*you know, I mean*)
- **감정 표현 강화**: 억양·강세 등 비영어 요소 적극 사용
- **맥락 의존성** 높음

② 예시

- *You know, I was kind of thinking ...*
- *It's like ... you know?*

비공식 구어는 문법적 정확성보다 **상호작용과 관계 유지**를 더 중시한다.

다) 반공식적 중간 장르(semi-formal / hybrid genres)

예: 인터뷰, 발표, TED 강연, 유튜브 교육 영상 등

이 장르는 문어와 구어의 특징이 결합된 형태로, 다음과 같은 특성을 보인다.

① 주요 특징

- **정보 전달 + 상호작용**의 이중 목적
- 전문적 단어 + 구어적 담화표지 혼합
- 준비된 발화이지만 실시간 즉흥 요소도 포함
- 사회적 역할(발표자-청중, 인터뷰어-인터뷰이)이 영어 형식에 영향을 미침

② 예시

- 공식적 연결어 + 구어적 감탄: *So, basically ..., What I want to show you is ...*
- 설명 중심 문장과 개인적 사례 서술이 함께 나타남

이러한 중간 장르는 현대 영어 사용에서 매우 빈번하며, 교육·연구에서 중요한 분석 대상이다.

라) 장르별 영어 특징 비교 표

구분	공식 문어	반공식 중간 장르	비공식 구어
목적	정보·논증·기록	설명·설득·상호작용	친교·반응·감정 교환
문장 구조	길고 복잡, 명사화·수동태	구조적이지만 구어적 연결 포함	짧고 단순, 비완전문
어휘	전문적·추상적	설명적·중간 난이도	일상적·감정적
담화 특징	명시적 연결·증거 제시	혼합된 담화표지	필러·반응어·차례 교대
예	학술 논문	TED·인터뷰	일상 대화

마) 코퍼스를 통한 장르 비교의 분석 가능성

코퍼스 분석은 장르 간 차이를 **수치와 실제 예문**으로 확인할 수 있게 한다.

① 어휘·빈도 차이

- 학술문: *method, analysis, evidence* 등
- 대화문: *yeah, kinda, you know* 등

② 문법 패턴 비교

- 명사화는 문어에 집중
- 축약형(*wanna, gonna*)은 구어 중심

③ 담화표지 분포

- 구어에서 압도적 빈도
- 반공식 장르에서는 부분적 사용

④ 화행(speech acts) 차이

- 구어: 요청·동의·거절 등 상호작용 중심
- 문어: 주장·근거·반박 중심

바) 교육·연구적 의의

장르별 영어 차이를 이해하는 것은 다음과 같은 가치가 있다.

① 학습자에게는

- 상황에 맞는 영어 사용 능력(appropriate language use) 향상
- 문어·구어·반공식 담화의 균형적 이해
- 글쓰기·말하기에서 장르적 규범을 실제 데이터로 파악

② 교사·연구자에게는

- 장르 기반 영어 교육(genre-based pedagogy) 설계 가능
- 학술·직업 영어(EAP/ESP) 교육에서 실증 자료 활용
- 담화·사회영어학·번역 연구에서 장르 특성 분석 근거 제공

원어민 영어는 장르별로 서로 다른 영어적·담화적 선택을 보이며, 코퍼스 분석은 이러한 차이를 객관적으로 탐구하도록 돕는다. 장르 비교는 영어를 **정확성(formal accuracy)**과 **자연스러움(interactional naturalness)**의 두 축에서 균형 있게 이해하는 데 필수적인 기반이며, 영어의 실제 사용 모습을 깊이 있게 이해하도록 이끈다.

7) 원어민 영어의 특징 요약

원어민 영어는 단일한 형태가 아니라, **장르·상황·화자의 목적**에 따라 다양한 변이를 보이는 복합적 영어 체계이다. 문어·구어·반공식 담화는 각각 다른 영어적 압력과 담화 규범을 가지고 있으며, 이러한 차이는 코퍼스 분석을 통해 가장 선명하게 드러난다.

가) 문어·구어 비교의 핵심 정리

① 문어(written English)의 특징

- 문장 구조가 길고 복잡하며, **명확성·정확성·논리성** 강조
- 명사화(nominalization), 수동태, 복합문 사용 빈도가 높음
- 전문적·추상적 어휘 사용(*analysis, evidence, therefore* 등)
- 독자가 맥락을 추측하지 않아도 되도록 **명시적 정보 제공**

② 구어(spoken English)의 특징

- **즉흥적·상호작용적** 특징이 중심
- 필러(*uh, um* 등), 담화표지(*you know, I mean* 등) 빈번
- 문장이 짧고 단순하며 중단·수정(self-repair) 발생
- 억양·표정 등 비영어적 단서에 강하게 의존

③ 반공식적/중간 장르(Semi-formal Genres)의 특징

- 두 영역의 특성 혼합
- 예: 인터뷰, 강연(TED), 발표, 교육 영상
- 정보 전달 + 관계 형성이 동시에 요구됨
- 전문 어휘와 구어적 표지의 공존

나) 원어민 표현의 자연스러움을 구성하는 요소

① 연어

- 원어민 영어는 '가능한 조합'이 아니라 '실제로 반복되는 조합'을 선택
- 예: *strong coffee, make a decision, commit a crime* 등
- 의미적 경향(semantic prosody)을 통해 단어의 실제 환경을 이해

② 정형 표현

- 빠르고 자연스러운 의사소통을 가능하게 하는 영어의 자동화된 단위
- 예:
  - o *You know what I mean*,
  - o *It turns out that ...*,
  - o *As far as I know*

③ 장르적 관습(discourse conventions)

- 문어: 논증·근거 제시 중심
- 구어: 관계 형성·상호작용 중심
- 중간 장르: 설명·설득 중심 + 구어적 유연성

Sinclair(1991)는 이러한 반복 패턴을 영어가 실제로 의미를 구성하는 방식이라고 정의한다.

다) 코퍼스를 통한 원어민 영어 탐구의 의의

코퍼스는 원어민 영어 사용을 **빈도·패턴·맥락**이라는 실증적 근거로 보여주며, 다음과 같은 관점을 제공한다.

1. **직관이 아닌 데이터 기반(description)**
   - 원어민 표현의 실제 분포 확인

2. **장르별 차이의 체계적 이해**
   - 뉴스·소설·대화·강연 등 장르별 영어적 선택 탐색

3. **자연스러운 표현 습득**
   - 연어·상용구 습득을 통해 학습자의 유창성 향상

4. **교육적 활용**
   - 실제 패턴을 반영한 교재 개발, 학습자 오류 진단 가능

5. **사회문화적 의미 파악**
   - 영어 속에서 가치관, 태도, 담화 관습이 어떻게 드러나는지 분석

원어민 영어는 **문어의 정교함**, **구어의 자연스러움**, **중간 장르의 융합적 특성**, **반복되는 연어·상용구**, **장르별 담화 관습** 등이 상호작용하며 구성된다.

코퍼스 분석을 통해 이러한 특징을 실증적으로 탐구하면, 학습자는 영어를 규칙의 집합이 아니라 **사회적·상호작용적·문화적 패턴의 체계**로 이해하게 된다.

나 학습자 영어 살펴보기

1) 들어가기

원어민의 영어뿐 아니라, **우리말 화자의 영어**, 즉 한국인 학습자가 실제로 사용하는 영어를 관찰하는 일은 코퍼스 영어학에서 매우 중요한 탐구 영역이다. 영어 학습자가 사용하는 표현에는 모국어의 영향, 학습 환경, 교육 관행이 반영되며, 이러한 영어적 흔적은 단순한 오류를 넘어 **학습자 영어**의 고유한 체계로 나타난다.

우리말 화자가 사용하는 영어는 종종 원어민 영어와 다른 패턴을 보인다. 예를 들어,

- 문법적으로는 맞지만 **자연스럽지 않은 표현**(unnatural expressions)
- 한국어 구조가 반영된 **직역형 표현**
- 특정 단어나 문형에 대한 **과잉 사용**
- 학습 과정에서 충분히 다루지 못한 **연어 부족**

과 같은 특성이 나타난다. Nesselhauf(2005)는 이러한 학습자

영어의 패턴을 체계적이며 분석 가능한 영어적 산물이라고 설명하며, 학습자의 오류나 비원어민적 표현도 고유한 규칙성을 지닌다고 강조한다.

예를 들어 한국 학습자 영어에서 흔히 나타나는 패턴은 다음과 같다.

- *I will go to home.* → *home* 앞의 전치사 사용
- *I made a mistake is ...* → 복잡한 문장 구조에서 발생하는 연결 오류
- *He is genius.* → 한국어 영향으로 관사 생략
- *do a promise, do a decision* 등 연어 오류

이러한 표현은 개인의 실수라기보다, **한국어 구조와 영어 학습 경험이 결합한 결과**로 나타나는 일관된 경향이다.

코퍼스 영어학은 이러한 학습자 영어의 특징을 **빈도·문맥·패턴**이라는 실증적 근거에 기반하여 탐구하게 한다. 학습자 코퍼스를 구축·분석하면 다음과 같은 교육적 가치를 얻을 수 있다.

- 한국 학습자에게 흔한 오류 유형을 데이터로 확인
- 원어민 코퍼스와의 차이를 비교하여 자연스러운 표현 학습
- 학습자의 강점·약점을 객관적으로 진단
- 교육자에게는 교수·교재 설계의 실증적 근거 제공

이 절에서는 한국인 학습자의 영어 사용을 실제 코퍼스 자료를 통해 살펴보며, **학습자 영어의 특징과 원어민 영어의 차이가 어떻게 나타나는지** 단계적으로 분석한다. 이를 통해 영어 학습에서 흔히 발생하는 문제의 본질을 이해하고, 더 자연스러운 영어 표현을 습득하기 위한 근거 기반 접근을 제시하고자 한다.

2) 한국어식 영어의 직역과 표현 방식

한국인 학습자의 영어에는 한국어 구조와 사고방식이 자연스럽게 반영되며, 이러한 영향은 **직역(literal translation)**이나 **표현 방식의 차이**로 나타난다. 이는 단순한 개인 오류가 아니라, 모국어와 목표어 간 구조·담화 관습의 차이에서 비롯되는 체계적 현상이다. Selinker(1972)의 중간언어(interlanguage) 이론에서도 제시되었듯, 학습자 영어는 고정된 오류가 아니라 특정 규칙성이 있는 영어 체계로 이해해야 한다.

한국어식 영어는 크게 다음과 같은 형태로 나타난다.

1. 한국어 문장 구조를 그대로 옮긴 **직역형 표현**
2. 한국어 의미 범주를 영어에 그대로 대응시킨 **의미적 전이 (semantic transfer)**
3. 일부 문형과 어휘에 대한 **과잉 의존**
4. 장르·상황에 적합하지 않은 **직역형 구문 선택**

이 절에서는 이러한 패턴을 코퍼스 기반 시각에서 살펴보고, 학습자 영어가 어떻게 형성되는지 분석한다.

가) 직역(literal translation)의 발생 원인

한국어식 직역은 다음과 같은 요인에서 비롯된다.

① 어순 차이(word order differences)

- 한국어: SOV
- 영어: SVO

이 차이는 특히 **전치사 사용**, **보어/부사어 위치**, **수식어 순서**에 영향을 미친다.

예:

- *I will go to home.* → 한국어의 '집에' 표현이 전치사 *to* 사용

으로 잘못 연결

• *He is very tired so he slept early.* → 한국어식 접속 표현을 영어로 직역한 예

② 의미 범주의 차이(semantic categories)

한국어에서는 하나의 의미 범주가 넓게 사용되는 경우가 많아 영어의 세분화된 어휘 구분이 충분히 반영되지 않는 경우가 있다.

예:

• '하다' → *do, make, take, perform* 등 다양한 영어 표현으로 분화

• '되다' → *be, become, get* 등 기능이 다양함

③ 교육 환경의 영향(learning environment)

한국어식 번역 활동 중심 학습, 시험 중심 학습, 문법-번역식 접근은 직역을 강화하는 요인이 된다.

나) 한국어식 영어의 대표적 유형과 사례

① 불필요한 전치사 사용

• *go to home* (올바른 표현: *go home*)

• *discuss about the issue* (→ *discuss the issue*)

이는 한국어의 '집에', '문제를 ~에 대해 논의하다' 등 전치사형 구조가 영어에 투사된 결과이다.

② 관사 누락 또는 과용

• *He is genius.* (→ *a genius*)

• *The happiness is important.* (→ *Happiness is important.*)

한국어에는 관사가 없기 때문에 관사 체계의 적용이 자연스럽게

나타나지 않는다.

③ 연어 오류(한국어식 결합)

- *do a mistake* (→ *make a mistake*)
- *take a rest* / *get a rest* 혼용(자연스러운 표현: *take a rest*)
- *high possibility* (상황에 따라 *strong possibility*가 더 자연스러움)

④ 형용사·부사 선택의 직역

- *I am very boring.* (→ *I am very bored.*)
- *It is delicious smell.* (→ *It smells delicious.*)

⑤ 문장 구조 직역

- *Because it rained, so I stayed home.*
  (한국어: '비가 와서, 그래서 집에 있었다' → 영어에서는 *because-so* 동시 사용 불가)

- *I think that he will come is true.*
  (복잡한 절 구조를 한국어식 문장 연결 방식으로 직역한 예)

다) 코퍼스 분석을 통한 진단 방식

한국어식 영어 표현은 학습자 코퍼스와 원어민 코퍼스를 비교하는 방식으로 가장 정확하게 진단할 수 있다.

① 빈도 기반 확인

- 학습자 코퍼스에서 *do/make/take*의 결합 패턴을 조사하면 자연스럽지 않은 결합이 반복적으로 나타남.

② KWIC(concordance) 활용

- 예: *promise* 주변 맥락 조사
  → 한국 학습자는 *do a promise*를 사용할 수 있으나 원어민 코퍼스에서는 ***make a promise***만 나타남.

③ 패턴 기반 비교

- 학습자 문장에서 *I think* 과다 사용 → 글쓰기에서 논리적 연결 부족
- 부적절한 접속 구조 빈번 → because-so 동시 사용 등

④ 의미적 경향 확인

한국어식 표현은 특정 단어가 가진 의미적 경향을 고려하지 못하는 경우가 많다.

예: *cause*는 문제·손해와 결합하는 경향 → *cause happiness*는 어색한 표현

라) 교육적 시사점: '오류'가 아니라 '패턴'으로 보기

한국어식 영어를 교정할 때 중요한 점은, 이를 단순한 '틀린 영어'로 간주하는 것이 아니라 **학습자의 영어 체계가 만들어낸 패턴**으로 이해하는 것이다.

교육적으로 다음과 같은 시사점이 있다.

① 교수자 관점

- 반복적 오류는 **자료 기반 설명**으로 교정 효과가 높음
- 원어민 코퍼스(BNC/COCA) 비교를 통해 자연스러운 표현 지도 가능
- 학습자의 패턴을 진단하여 맞춤형 피드백 설계

② 학습자 관점

- 자신의 영어 사용을 객관적 데이터로 확인 → 자기 주도적 수정 가능
- 직역 경향을 인식하면 자연스러운 표현 선택 능력이 증가
- 연어·상용구 중심으로 학습 방향 전환

한국어식 직역과 표현 방식은 한국어 구조·의미 범주·교육 관행이 영어 사용에 투사된 자연스러운 현상이다.

코퍼스를 활용하면 이러한 패턴을 객관적으로 진단하고, 원어민 영어와의 차이를 비교하여 자연스러운 표현을 습득할 수 있다.

결국 '직역 오류'는 학습자가 자신의 영어 체계를 더 정교한 방향으로 발전시켜 나가는 과정이며, 코퍼스 분석은 그 방향을 명확하게 제시하는 도구이다.

3) 학습자 영어의 특징: 과잉 사용과 과소 사용

한국인 영어 학습자의 영어 사용에는 특정 단어나 문형이 **과도하게 사용되는 양상** 또는 **거의 사용되지 않는 양상**이 체계적으로 나타난다. 이러한 경향은 단순한 개인적 습관이 아니라, 모국어 구조, 교육 경험, 시험 중심 학습, 교재 기반 학습 방식 등 복합적 요인의 결과이다. 학습자 코퍼스를 활용하면 이러한 패턴을 객관적으로 진단할 수 있으며, 학습자의 영어 사용 특성을 실증적으로 이해하는 데 매우 유용하다.

가) 과잉 사용: 특정 단어·문형에 대한 과잉 의존

한국 학습자의 영어에서 자주 관찰되는 과잉 사용은 다음과 같은 원인에서 비롯된다.

① 빈도 높은 기본 어휘에 대한 과도한 의존

학습 초기 경험과 교재 구성의 영향으로 *very, really, many, a lot of, good, bad, I think* 등이 반복된다.

예시:

- *I think*의 지나친 반복
- *very very good, really really bad* 등의 단순 강화 표현
- *a lot of things*로 거의 모든 사물을 설명

이는 어휘적 다양성이 부족하다는 신호이며, 학습자의 표현 폭을 제한한다.

② 특정 문형의 반복적 사용

학습자가 익숙한 문법 구조를 선호하게 되며, 특히 다음 문형이 과도하게 나타난다.

- *I think (that) ...*
- *I want to ...*
- *There is/There are ...*
- 단순 SVO 구조 위주의 문장 전개

예:

- *I think it is good. I think it is helpful. I think we need it.*

→ 논증적 글쓰기에서 논리적 연결 부족으로 이어짐.

③ 직역 기반 과잉 사용

한국어 빈도 높은 표현을 영어로 그대로 옮기는 경우이다.

- so의 과도한 사용: *It was so fun, so interesting, so good ...*
- *because-so* 연결의 반복
- 형용사 good/bad에 지나친 의존

나) 과소 사용: 자연스러운 표현·문형의 부족

반대로 학습자 코퍼스에서는 원어민이 자주 사용하는 표현이 거의 등장하지 않는 과소 사용 현상도 관찰된다.

① 연어의 부족

원어민이 자주 쓰는 자연스러운 결합이 학습자 글에서 거의 나타나지 않는다.

예:

- *make a decision, take responsibility, raise an issue*
- 학습자 글에서는 *do a decision*, *have responsibility* 등 부자연스러운 표현 빈번

② 연결 표현·담화 표지의 부족

논리 전개에 필수적인 연결어가 충분히 사용되지 않는다.

- 원어민: *however, therefore, in contrast, in addition*
- 학습자: 단순 *and, but, so* 반복

이는 문단 구조의 단조로움과 논증력 부족으로 이어진다.

③ 고급 어휘·문장 구조 활용 부족

학술 글쓰기에서 흔히 나타난다.

- 명사화(*development of ..., expansion of ...*) 부족
- 수동 구조·복합문 활용 미흡
- 동사 중심 문장만 반복

④ 화행(speech acts) 다양성 부족

구어에서 원어민은 다양한 화행을 사용하지만, 학습자는 직접적 진술 중심이다.

예:

- 제안: *You might want to ..., Why don't we ...?*
- 학습자 표현: *Let's ...*에 지나치게 의존

다) 코퍼스 기반 진단: 과잉 사용·과소 사용 탐색

한국인 학습자 영어의 과잉·결핍 패턴은 코퍼스 분석을 통해 가장 정확히 확인할 수 있다.

① 빈도 분석

- 학습자 코퍼스에서 *I think* 빈도가 지나치게 높게 나타남
- 구문별 빈도 비교로 *There is/are* 문형의 과다 사용 진단 가능

② KWIC 분석

- *decision* 주변에서 *make a decision*이 아닌 *do a decision*이 반복적으로 관찰됨
- *responsibility* 주변에서 *take responsibility*가 거의 나타나지 않음 → 과소 사용

③ 장르 비교

- 원어민 학술 코퍼스와 비교하면 학습자의 연결어·논증 표현 부족이 명확히 드러남
- 구어 코퍼스 비교 시 필러·담화표지 과소 사용 확인 가능

라) 교육적 시사점

1. 과잉 사용은 '단순 오류'가 아니라 어휘·문형 레퍼토리(repertoire) 부족의 증상

- 데이터 기반으로 대체 표현 제시 필요

- 예: *I think → It seems that ..., From my perspective ..., It appears that ...*

2. 과소 사용은 '기능적 결핍'으로 이해

- 논리 전개·담화 구성에 필요한 표현을 명시적으로 지도해야 함
- 학습자 코퍼스 비교 분석 활동을 통해 자연스러운 표현 노출 강화

3. 코퍼스 기반 접근의 효과

- 빈도·패턴 중심의 설명은 학습자 이해도를 높이고, 교정의 설득력을 강화
- 개별 학습자의 경향 분석 가능 → 맞춤형 피드백 제공

한국인 학습자의 영어는 특정 표현의 **과잉 사용**과 자연스러운 표현의 **부족**이라는 두 가지 축에서 특징이 드러난다. 이는 한국어 구조, 교육 환경, 학습 경험이 결합하여 나타나는 체계적 패턴이며, 코퍼스 분석은 이러한 경향을 가장 객관적으로 드러내 준다.

결국 과잉 사용과 과소 사용을 정확히 이해하는 일은 자연스러운 영어 사용으로 나아가기 위한 출발점이며, 데이터 기반 코퍼스 접근은 학습자가 자신의 영어를 분석하고 개선할 수 있도록 돕는 강력한 학습 도구이다.

4) 학습자 영어의 어휘 선택: 직역형 표현 vs. 자연스러운 표현

한국인 학습자의 영어 어휘 선택에는 한국어 의미 체계와 표현 방식의 영향이 반영되며, 이러한 영향은 **문법적으로 맞지만 자연스럽지 않은 표현**으로 나타나는 경우가 많다. 이는 단순한 오류가 아니라, 학습자가 모국어의 의미 범주를 영어의 어휘 체계에 그대로 대응시키는 과정에서 발생하는 자연스러운 현상이다.

예를 들어,

- *do a decision, do a promise*
- *I am very boring, He is genius*

위와 같은 표현은 문장 구조는 틀리지 않은 것처럼 보이지만, 실제 원어민 영어에서는 거의 사용되지 않는 **직역형 표현(literal expressions)**에 해당한다.

가) 한국 학습자의 어휘 선택에 나타나는 특징

1. 의미 범주의 차이에 따른 오용

한국어의 넓은 의미 범주가 영어의 세분화된 어휘로 적절히 분리되지 않을 때 나타난다.

- '하다' → *do, make, take, perform* 등
- '되다' → *be, become, get*
- '좋다' → *good, enjoyable, beneficial, suitable* 등

예:

- *do a mistake* → *make a mistake*
- *be healthy food* → *be a healthy food* 또는 *be healthy*

2. 형용사·동사의 선택 오류

한국어식 해석이 그대로 적용되면서 의미적 어색함이 발생한다.

예:

- *I am very boring.* (→ *I am very bored.*)
- *The smell is delicious.* (→ *It smells delicious.*)
- *He is genius.* (→ *He is a genius.*)

3. 레지스터(register) 부적합

일상적·구어적 표현을 학술적 글쓰기에서 그대로 사용하는 경우이다.

예:

- *a lot of things* (→ *numerous factors/issues*)
- *kids* (학술문맥에서는 *children*)

나) 직역형 표현 vs. 자연스러운 표현: 비교를 통한 진단

직역형 표현과 자연스러운 표현은 다음과 같은 차이를 보인다.

항목	직역형 표현	자연스러운 표현
결합 방식	의미적으로 가능하나 실제 사용 빈도 낮음	빈도·패턴 기반으로 자연스러움 확보
예시	*do a decision*	*make a decision*
	very interesting smell	*It smells good/pleasant*
	so many problems are there	*There are many problems*
의미적 자연성	낮음	높음
의미적 경향	고려되지 않음	고려됨

코퍼스 분석은 이러한 차이를 객관적으로 확인하게 한다.

예:

- COCA에서 *do a decision*은 거의 등장하지 않지만 *make a decision*은 수천 회 이상 등장한다.
- 학습자 코퍼스에서는 *I think*가 과다하게 등장하지만, 원어민 코퍼스에서는 정도·맥락에 따라 다양한 의견표현 패턴이 나타난다.

다) 코퍼스 기반 진단 방법

① KWIC(Concordance) 검색

특정 단어의 주변 문맥을 확인해 자연스러운 결합 패턴을 탐색한다.

예: *promise* → 대부분 *make a promise*로 나타남.

② 빈도 비교

직역형 표현 vs. 자연스러운 표현의 빈도를 원어민 코퍼스(COCA/BNC)와 비교하여 판단한다.

③ 의미적 경향 분석

어휘가 긍정·부정 맥락과 함께 나타나는 경향을 조사해 자연스러움 판단에 활용한다.

예: *cause*는 문제·손해와 주로 결합 → *cause happiness*는 어색한 표현

④ 장르 비교

- 학술문 vs. 구어문
- 뉴스 vs. 일상 대화

→ 동일 표현이 문맥에 따라 어떻게 달라지는지 탐색

라) 교육적 시사점

① 데이터 기반 지도

어휘 선택의 자연스러움은 직관이 아닌 **사용 빈도와 문맥 패턴**을 통해 설명해야 한다.

② 직역형 표현 → 자연스러운 표현으로의 전환

학생이 사용하는 직역형 표현을 직접 비교해 대체 표현을 제시할 수 있다.

예:

- *I think* 반복 → *It seems that* ..., *From my perspective* ...

③ 연어 중심 학습

연어 기반 학습은 어휘 선택의 자연스러움을 높이는 가장 효과적인 방법이다.

- 예: *take a step, raise a question, run a business*

④ 장르별 어휘 지도

학술 글쓰기에서는 격식적 어휘(formal vocabulary), 구어에서는 구어적 어휘(colloquial vocabulary) 중심으로 지도해야 한다.

직역형 표현은 학습자의 모국어 영향, 교육 방식, 의미 범주 전이에 의해 발생하는 자연스러운 영어 현상이다. 코퍼스 분석을 통해 이러한 표현의 자연스러움을 객관적으로 평가하고, 원어민 영어에서 실제로 사용되는 결합과 패턴을 탐구하면 **보다 자연스럽고 상황에 적합한 어휘 선택**이 가능해진다.

결국 자연스러운 표현의 습득은 영어 유창성 향상뿐 아니라, 장르·맥락에 적합한 영어 사용 능력을 기르는 데 중요한 과정이다.

5) 학습자 영어의 문법과 문장 구조

한국인 학습자의 영어 문장에는 한국어의 구조적 특성과 사고방식이 자연스럽게 반영되며, 이러한 영향은 문법적 오류나 비원어민적 구조로 나타난다. 이는 단순한 실수가 아니라, **중간언어(interlanguage)**로서 학습자의 영어 체계가 점진적으로 발달하는 과정에서 나타나는 규칙적 패턴이다. Selinker(1972)가 설명한 바와 같이, 학습자 영어는 모국어 전이·학습 전략·교육 환경 등 다양한 요인에 의해 형성된다.

한국 학습자의 문장 구조에는 다음과 같은 특징이 두드러진다.

가) 어순 차이에서 비롯되는 문장 구조 문제

① 한국어 SOV 구조의 영향

한국어는 목적어가 동사 앞에 오는 SOV 구조를 갖고 있어, 영어 SVO 구조와 충돌하는 경우가 많다.

예:

- *I like very much this movie.*
  → *I like this movie very much.*

- *He to me gave a present.*
  → *He gave me a present.*

② 수식어의 위치 혼동

한국어는 수식어가 비교적 자유롭게 이동하지만, 영어는 위치 규칙이 엄격한다.

예:

- *I bought in the market a cake.*
  → *I bought a cake in the market.*

- *He is a teacher very kind.*
  → *He is a very kind teacher.*

나) 접속 구조의 직역형 사용

한국어의 접속어 사용 방식이 영어에 그대로 전이되는 경우가 많다.

① *because–so* 동시 사용

• *Because it rained, so I stayed home.*
→ *Because it rained, I stayed home.*
→ *It rained, so I stayed home.*

② and·but의 과다 사용

한국어의 접속사 '그리고·하지만'에 대응하는 구조를 그대로 반복하는 현상이다.

• *I went to the park and I met my friend and we had lunch ...*
→ 연결어 다양성 부족으로 단조로운 담화 형성

③ 문장 간 논리 연결 부족

• *I like sports. I exercise every day. It is good for health.*
→ 논리적 연결어 (*therefore, in addition* 등) 과소 사용

다) 시제·수 일치·조동사 사용의 문제

① 시제 일관성 부족

• *Yesterday I go to school and meet my friend.*
→ *went / met*

② 주어·동사 수 일치 오류

• *He have many friends.*
→ *He has ...*

③ 조동사·완료 시제 사용 미흡

한국어에는 조동사 체계가 명확히 대응되지 않기 때문에 사용이 제한적이다.

- *I will can go.* → 조동사 중복
- *I lived here for three years.* (현재까지 지속 의미가 필요할 때)
  → *I have lived here for three years.*

라) 명사화·수동태·복합문 사용 부족

원어민 문어에서 자주 나타나는 학술적·형식적 구문이 학습자 글에는 등장하지 않는다.

① 명사화 부족

- *People develop fast.*
  → *The rapid development of people/technology ...*

② 수동 구조 과소 사용

- *Researchers did an experiment.*
  → *An experiment was conducted.*

③ 복합문·종속절 활용 미흡

- *I think he is smart and he studies hard and he succeeds.*
  → 종속절·분사구문 활용이 거의 없음

마) 코퍼스 기반 문장 구조 진단

학습자 코퍼스와 원어민 코퍼스를 비교하면 다음과 같은 문법·구문 차이가 명확히 드러난다.

제3장

① KWIC 패턴 분석

- *because* 검색 → *because-so* 동시 사용 반복 확인
- *and* 검색 → 문단 전체를 단순 등위접속으로 연결하는 패턴 다수

② 구문 빈도 분석

- 명사화·수동 구조가 원어민 대비 현저히 낮은 비율로 나타남
- *There is/are* 문형의 과다 사용

③ 오류 범주 분류

- 관사, 전치사, 시제, 수 일치 문제는 학습자 코퍼스에서 높은 빈도로 재현
- 특정 오류는 특정 문맥·장르에서 강화됨

④ 장르 비교

- 학습자의 구어와 문어 코퍼스 비교 → 문어에서도 구어적 구조 빈번
- 원어민 학술 코퍼스와 비교 → 논리적 연결 구조·문장 복잡성 차이 선명

바) 교육적 시사점

① 문법 규칙 중심보다는 '문장 패턴 중심' 지도 필요

시제·수 일치 등 규칙적 오류는 패턴·빈도 기반 설명이 효과적이다.

② 연결어·담화 구조 지도 강화

- *however, furthermore, in contrast*와 같은 형식적 연결어 교육 필요

- 논증 구조(claim-evidence-reasoning)와 동반 지도

③ 간단한 오류 수정보다 '구조 확장 훈련' 강조

- 단문(SVO) 중심 글쓰기 → 복합문·분사구문 연습으로 확대
- 수동태, 명사화 등 학술적 패턴 도입

④ 학습자 코퍼스 기반 피드백 제공

- 학습자는 자신의 문장 패턴을 직접 분석하며 구체적 개선점을 발견
- 교사는 데이터 기반으로 맞춤형 피드백 설계 가능

한국어식 영어의 문법·구문 특징은 한국어의 구조, 교육 환경, 영어 발달 단계가 결합하여 나타나는 체계적 패턴이다. 코퍼스 분석은 이러한 패턴을 빈도와 문맥을 통해 객관적으로 보여주며, 학습자는 이를 바탕으로 문장 구조를 자연스러운 영어 사용 형태로 점진적으로 확장할 수 있다.

결국 자연스러운 영어 문장은 규칙 암기가 아니라 **반복된 사용 속에서 형성된 구조와 패턴을 이해하는 과정**을 통해 완성된다.

6) 학습자 영어와 원어민 영어 비교

한국인 학습자의 영어는 원어민 영어와 여러 측면에서 구조적·어휘적·담화적 차이를 보인다. 이러한 차이는 단순한 오류의 집합이 아니라, **모국어 전이, 교육 환경, 학습 전략이 복합적으로 반영된 체계적 영어 사용 패턴**이다. 코퍼스 비교 분석은 이러한 차이를 실증적으로 확인할 수 있는 가장 효과적인 방법이며, 학습자·교사 모두에게 교육적 통찰을 제공한다.

가) 어휘 선택의 차이: 반복성과 직역의 영향

① 어휘의 다양성 부족

학습자 코퍼스에서는 *very, really, many, a lot, good, bad* 등 기본 어휘가 과도하게 반복된다. 반면 원어민 코퍼스에서는 상황·장르에 따라 다양한 표현이 등장한다.

예:

- 학습자: *very important* 반복
- 원어민: *crucial, significant, essential* 등 의미·뉘앙스에 따라 다양한 선택

② 직역 기반 어휘 선택

한국어 의미 범주를 그대로 영어에 투사하는 현상이 나타난다.

예:

- *do a promise → make a promise.*
- *I am boring → I am bored.*
- *He is genius → He is a genius.*

③ 연어·의미적 경향 차이

한국 학습자는 의미적 경향을 충분히 반영하지 못해 부자연스러운 결합을 하는 경향이 있다.

예:

- *cause happiness* (→ *bring happiness, lead to happiness*)
- *strong rain* (→ *heavy rain*)

나) 문법·구문 구조 차이: 단순성과 일관성의 결핍

① SVO 어순의 불안정성

• *I very like this movie.*
→ *I like this movie very much.*

② 접속 구조의 제한성

• *and·but·so*의 반복
• *because-so* 동시 사용
• 논리적 연결어(*therefore, moreover* 등) 과소 사용

③ 문장 구조의 단순성

학습자 코퍼스에서는 단문(SVO 중심) 비율이 높고 복합문·종속절 사용이 부족하다.

반면 원어민 문어 코퍼스에서는

• 명사화
• 분사구문
• 복합문
• 수동태

등 구조적 다양성이 두드러진다.

④ 시제·수 일치 문제

한국어와 영어의 시제·조동사 체계 차이로 인해 시제 일관성 및 수 일치 오류가 자주 나타난다.

다) 담화 구조의 차이: 논리 전개와 응집성

① 담화표지의 차이

원어민 구어 코퍼스에서는 *you know, actually, kind of, I mean* 등이 기능적으로 사용된다.

학습자 구어에서는 담화표지가 적거나 과도하게 반복되는 경향이 있다.

② 논증 구조의 차이

원어민 문어 코퍼스에서는 주장이 명확히 제시되고 근거와 예시가 체계적으로 구성된다.

반면 학습자 글에서는

- *I think* 과다 사용
- 논리적 연결 부족
- 문단 간 약한 응집성

이 대표적 패턴으로 관찰된다.

③ 문체(register) 선택의 차이

학술 텍스트에서

- 학습자: 비격식적 어휘(*kids, a lot of things* 등) 혼용
- 원어민: 격식적 어휘(*children, various factors* 등) 활용

라) 구어·문어 차이의 활용: 원어민 vs. 학습자

① 구어 비교

학습자 구어는 즉흥적이고 상호작용적인 구조가 약하며, 필러·되받기(backchannel) 사용이 부족하다.

예:

- 학습자: 직선적 진술 중심
- 원어민: *well, you know, right, yeah* 등 상호작용 강화 표현 빈번

② 문어 비교

학습자는 문어에서도 구어적 패턴을 끌어오거나 단문 중심 구조를 유지하는 경우가 많다.

반면 원어민 문어는 높은 형식성·전문성·정교한 담화 구조를 갖는다.

마) 코퍼스 기반 비교·진단 방법

코퍼스를 활용하면 학습자 영어의 특성을 정량적으로 확인할 수 있다.

① KWIC 분석

특정 단어 주변 문맥을 원어민 코퍼스와 비교하여 자연스러운 결합 여부 판단.

② 빈도 비교

학습자 코퍼스에서 *I think, and, so* 등의 과다 사용 여부 확인.

③ 구문 패턴 분석

문장 길이·구문 복잡성·수동태/명사화 비율 등을 비교.

④ 의미적 경향 분석

단어가 긍정·부정 문맥과 함께 나타나는 경향 분석.

⑤ 장르 비교

학습자 문어·구어가 원어민 장르별 패턴과 어떻게 다른지 파악.

바) 교육적 시사점: '차이'는 교정의 기회

① 차이를 오류가 아닌 '학습 자료'로 보기

학습자 영어의 일관된 패턴은 교수자가 구체적 피드백을 제공하는 강력한 근거가 된다.

② 원어민 코퍼스 기반 지도

학습자 표현을 원어민 코퍼스와 직접 비교해 대체 가능한 자연스러운 표현을 제시하는 것이 효과적이다.

③ DDL 활용

학습자가 스스로 차이를 발견하고 수정하는 과정은 학습 동기와 자율성을 높인다.

④ 장르 기반 교육

상황·맥락·장르에 따라 적합한 영어 선택을 지도함으로써 학습자의 문어·구어 능력을 균형 있게 발전시킬 수 있다.

학습자 영어와 원어민 영어의 차이는 '틀렸기 때문에'가 아니라, **사용 목적·장르·모국어 영향·학습 환경** 등이 달라 형성된 자연스러운 변이이다.

코퍼스 기반 비교 분석은 이러한 차이를 객관적으로 파악하게 하며, 학습자는 이를 바탕으로 더 자연스럽고 상황에 적합한 영어 사용 능력을 체계적으로 발전시킬 수 있다.

즉, 차이의 인식은 교정의 출발점이며, 코퍼스는 그 과정을 실증적으로 뒷받침하는 핵심 도구이다.

7) 한국어와 영어의 대조 속에서 찾는 패턴

한국어와 영어는 구조·어휘·담화 관습에서 큰 차이를 보이는 영어적 체계이다. 이러한 차이는 한국인 학습자의 영어 사용에 고스란히 반영되며, 학습자의 '오류'로 나타나는 많은 현상은 사실 한국어와 영어의 구조적 차이가 만들어낸 **예측 가능한 패턴**으로 설명할 수 있다. 대조언어학(contrastive linguistics)은 두 영어 체계의 차이를 구조적으로 비교하여, 학습자 영어의 특징을 이해하는 데 효과적인 관점을 제공한다.

한국어-영어 대조를 통해 파악할 수 있는 학습자 영어의 패턴은 ① **구문(문장 구조)**, ② **어휘**, ③ **담화(문장 간 연결·맥락 구성)** 세 가지 층위에서 가장 뚜렷하게 나타난다.

가) 구조적 차이에서 나타나는 패턴

① 어순(word order) 차이 → 위치 오류 발생

- 한국어: SOV
- 영어: SVO

이 차이는 다음과 같은 패턴을 발생시킨다.

- 부사 위치 오류: *I very like it.* → *I like it very much.*
- 목적어와 부사어의 혼동: *He to me gave a gift.* → *He gave me a gift.*

② 수식 구조의 차이 → 어색한 수식어 배열

한국어: 수식어 위치 비교적 자유 / 영어: 엄격한 어순

- *a teacher very kind* → *a very kind teacher*
- *in the market I bought a cake.* → *I bought a cake in the market.*

③ 절(clause) 구성의 차이 → 복합문·종속절 과소 사용

한국 학습자는 단문 중심의 패턴을 보이며

- 명사절/형용사절/부사절 활용 부족
- because-so 동시 사용 등 복합문 전이가 미숙

나) 어휘 선택의 차이에서 나타나는 패턴

① 의미 범주 차이 → 직역(literal translation)

한국어 '하다' → do/make/take 등으로 세분되지만, 영어에서는 각각 연어가 다름.

- *do a promise* → *make a promise*
- *do a decision* → *make a decision*

② 의미적 경향 차이 → 어색한 의미 결합

- *cause happiness* (한국어식 '행복을 야기하다')

→ 자연스러운 영어: *bring happiness, lead to happiness*

③ 표현의 과잉·결핍(과잉 사용과 과소 사용)

- 과잉 사용: *I think, very, really*
- 과소 사용: *raise an issue, take responsibility, nominalization expressions*

다) 담화 수준에서 나타나는 패턴

① 연결어 사용의 차이

한국어에서는 담화 관계를 문맥으로 이해할 때가 많지만, 영어는 명시적 연결어가 필수적이다.

• 학습자: *and, but, so* 반복
• 원어민: *in contrast, therefore, in addition, however*

② 논증적 글쓰기 구조의 차이

한국어 글쓰기: 주제 제시 후 설명 중심

영어 글쓰기: claim-evidence-reasoning 구조 뚜렷
→ 학습자 글에서는 논리적 흐름이 약하고 응집성이 부족한 경우 많음.

③ 구어 담화에서의 상호작용성 차이

한국 학습자는 구어에서도

• 되받기, 필러, 담화 표기 과소 사용
→ 상호작용적 리듬(*you know, right, I mean* 등)이 약하게 나타남.

라) 코퍼스 기반 대조 분석 절차

한국어식 영어 패턴을 체계적으로 확인하기 위해 다음과 같은 코퍼스 분석이 효과적이다.

① KWIC 비교

학습자 코퍼스 vs. 원어민 코퍼스의 표현 차이를 문맥 중심으로 확인

• *promise* 주변 패턴 → 학습자: *do a promise* / 원어민: *make a promise*

② 빈도 분석

• 학습자: *very, so, I think* 과다 사용

- 원어민: 다양한 강화어(intensifiers) 사용(*admittedly, extremely, fairly* 등)

③ 구문 분석

- 학습자 문어: 단문·구어적 패턴 잦음
- 원어민 문어: 명사화, 수동태, 복합문 활성

④ 담화 표지 비교

- 학습자 구어: 담화 표지 과소 사용
- 원어민 구어: 담화 표지 고빈도(*you know, well, actually*)

마) 교육·연구적 시사점

한국어-영어 대조를 기반으로 학습자 영어를 분석하면 다음의 교육적 효과를 얻을 수 있다.

① 오류를 '패턴'으로 재해석

- 교사: 학습자의 반복적 오류를 자료 기반으로 파악하여 구조적 원인을 설명
- 학습자: 한국어 영향이 자연스러운 현상임을 이해하고 학습 방향 재설계

② 자연스러운 표현 지도 가능

- 직역형 → 자연스러운 표현 전환
- 연어·상용구 중심 지도

③ 문장 구조 확장 지도

- 단문 중심 학습자에게 복합문·논리 연결·명사화 등을 단계적으로 훈련

④ DDL 기반 비교 학습

- 학습자가 스스로 차이를 발견 → 학습 동기 향상
- 한국어식 패턴의 원인과 개선 방법을 경험적으로 이해

한국어와 영어의 구조·어휘·담화 차이는 한국 학습자의 영어 사용에서 **예측 가능한 패턴**으로 드러난다.

코퍼스 기반 대조 분석은 이러한 패턴을 객관적으로 시각화하며, 학습자는 자연스러운 영어 사용으로 나아가기 위한 근거를 확보하게 된다.

결국, 한국어-영어 대조는 학습자 영어를 더 깊이 이해하고, 교육적 개입을 정교화하는 데 핵심적인 분석 틀이다.

8) 학습자 영어 특징 요약

한국인 학습자의 영어는 모국어 구조, 의미 체계, 교육 경험, 학습 전략의 영향이 복합적으로 반영된 **학습자 영어(learner language)**로 이해할 수 있다. 이러한 영어적 특성은 단순한 오류의 집합이 아니라, 일정한 규칙성이 있는 체계적 패턴이며, 코퍼스 분석을 통해 실증적으로 탐구할 수 있다.

가) 어휘·표현 측면의 특징

① 직역형 표현

한국어 의미 범주가 그대로 영어에 투사되면서 자연스럽지 않은 표현이 나타난다.

- *do a mistake → make a mistake*
- *He is genius. → He is a genius.*

② 연어 부족(과소 사용)

원어민이 자주 사용하는 자연스러운 연어가 충분히 사용되지 않는다.

- *take responsibility*, *raise an issue* 등이 거의 등장하지 않음

③ 기본 어휘의 과잉 사용

very, really, good, bad, a lot of, I think 등이 반복되며 어휘적 다양성이 제한된다.

나) 문법·구문적 특징

① SOV-SVO 간 전이 영향

한국어 어순이 영어 문장에 반영되면서 위치 오류가 나타난다.

- *I very like this movie.* → *I like this movie very much.*

② 접속 구조의 한정성

- because-so 동시 사용
- *and, but, so*의 반복 → 논리적 연결어 부족

③ 문장 구조의 단순성

단문(SVO) 중심이며, 명사화·수동 구조·복합문 사용이 적다.

다) 담화·장르적 특징

① 담화표지의 과소 사용

구어에서 원어민은 *you know, actually, kind of* 등 다양하게 활용하지만, 한국 학습자는 사용이 제한적이거나 과다 사용되는 경향이 있다.

② 문어에서 구어적 표현 사용

학술 글쓰기에서도 등장하는 경향이 있다.

예: *a lot of things*, *kids* 등

③ 논증 구조의 불안정성

I think 반복, 연결어 부족, claim-evidence-reasoning 구조 미흡 등.

라) 과잉 사용·과소 사용 패턴의 요약

항목	과잉 사용	과소 사용
어휘	*very, really, I think*	학술 어휘, 연어
문형	SVO 단순문, *There is/are*	복합문, 명사화, 수동 구조
담화	*and·but·so*	*therefore, in contrast, moreover*
구어	직선적 발화 중심	필러·되받기·담화표지

이러한 패턴은 개인적 실수가 아니라, 한국어 기반 학습자의 공통적 영어 발달 단계로 해석해야 한다.

마) 코퍼스 기반 비교·분석의 교육적 의의

코퍼스는 학습자 영어의 특징을 **객관적 데이터**로 확인하게 하며, 다음과 같은 가치가 있다.

① 학습자 관점

- 자신의 영어 사용 패턴을 수치·예문으로 확인
- 직역형 표현을 자연스러운 표현으로 교정
- 자연스러운 연어·상용구 습득

② 교사·연구자 관점

- 학습자 오류 유형을 실증적으로 분류
- 원어민 코퍼스와 비교하여 구체적 피드백 제공
- 장르 기반 교수법(genre-based pedagogy) 설계 근거 확보

결국 학습자 코퍼스 분석은 영어 학습을 '감각'과 '직관'이 아니라 **근거 기반(evidence-based)**으로 전환하는 핵심 도구이다.

학습자 영어의 특징:

- 모국어 영향(전이)
- 교육 환경
- 학습 전략
- 장르 경험의 부족

이상의 특징이 결합된 **체계적 영어 현상**이며, 이는 코퍼스 분석을 통해 구조적으로 이해할 수 있다.

한국 학습자의 영어를 비판적 시각이 아닌 **패턴 기반 관찰의 관점**에서 분석할 때, 자연스러운 영어 사용으로의 전환이 가능해진다. 코퍼스 기반 진단은 그 전환을 가장 효과적으로 지원하는 실험적·교육적 도구이다.

제4장

부록

제4장

부록

가 소규모 과제 및 프로젝트 아이디어

1) 들어가기

코퍼스 영어학을 가장 효과적으로 학습하는 방법은 **직접 자료를 수집하고 분석해 보는 경험**이다. 짧은 에세이나 대화문, 뉴스 기사 몇 편만으로도 작은 코퍼스를 구축할 수 있으며, 간단한 분석 도구를 사용하면 어휘·문법·담화의 실제 패턴을 확인할 수 있다. 이러한 소규모 과제와 프로젝트는 학생들에게 '연구자의 시각'을 길러 주고, 영어 학습을 이론이 아닌 **실제 데이터 기반 탐구 활동**으로 전환해 준다.

앞 장들에서는 코퍼스 영어학의 개념, 분석 도구, 응용 분야를 살펴보았다. 이제는 이론적 기반과 기술을 바탕으로, 학생 스스로 코퍼스를 구축하고 분석할 수 있는 구체적인 활동들을 제시한다. 이 활동들은 코퍼스 영어학적 사고를 기르고, 영어 데이터를 분석하며, 나아가 **자기만의 연구 질문과 주제를 발전시키는 경험**을 제공할 것이다.

2) 소규모 과제 아이디어

가) 워드리스트 만들기

■ 활동

- 관심 있는 텍스트를 선정해 미니 코퍼스를 구축한다.
  (예: 팝송 가사 10곡, 특정 작가의 단편소설 1편, TED 강연 스크립트 3개)
- 코퍼스 도구로 워드리스트를 추출하고, 상위 20개 단어를 기록한다.
- 이 단어들이 텍스트의 주제·전달 방식·문체에 어떤 영향을 미치는지 분석한다.

■ 의의

워드리스트는 텍스트의 핵심 어휘와 장르적 특징을 드러내는 가장 기본적 분석이며, 초급 학습자도 쉽게 수행할 수 있다.

나) 연어 탐구하기

■ 활동

- COCA 또는 BNC에서 *decision*, *problem*, *solution* 등의 추상 명사를 검색한다.
- 각 단어와 함께 자주 나타나는 연어 10개를 정리하고,

해당 연어가 단어의 의미·뉘앙스를 어떻게 구체화하는지 논의한다.

■ 의의

동일한 명사라도 어떤 동사·형용사와 결합하는지에 따라 의미적 기능이 달라지며, 이는 사전 설명만으로는 파악하기 어려운 사용 기반 지식이다.

다) 구어 vs. 문어 비교하기

■ 활동

- 동일 주제(예: 환경 보호)에 대해 뉴스 기사 3편(문어), 유튜브 토론 영상 스크립트 3편(구어)을 각각 수집한다.
- 두 코퍼스에서 *important*, *significant* 등의 형용사를 검색해 빈도·결합 패턴을 비교한다.
- 구어·문어에서 해당 단어가 어떻게 다르게 사용되는지 분석한다.

■ 의의

장르별 영어 사용의 차이를 직접 체감하게 하며, 문체(register) 개념을 자연스럽게 이해하게 된다.

라) 학습자 코퍼스 오류 분석하기

■ 활동

- 본인 또는 동료의 영어 글(2~3편)을 모아 학습자 코퍼스를 구축한다.
- 관사·시제·전치사 등 특정 문법 요소를 중심으로 오류 유형을 탐색한다.
- 원어민 코퍼스와 비교하여 자신의 오류가 과잉 사용인지 과소 사용인지 판단한다.

■ 의의

오류를 '틀린 문장'이 아니라 **반복되는 패턴**으로 바라보게 하며, 자기 주도적 교정 능력을 기른다.

3) 프로젝트 아이디어

가) 소규모 주제별 코퍼스 구축

■ 활동

- 특정 주제(지구온난화, AI 윤리, K-pop 세계화 등)의 영어 기사·블로그·학술 자료 50편 이상을 수집한다.
- 워드리스트·키워드 분석을 수행해 주제 특성, 핵심 개념, 연어·담화 패턴 등을 정리한다.

■ 의의

주제별 코퍼스 구축은 통합적 분석 경험을 제공하며, 학술 세미나형 프로젝트로도 적합하다.

나) 번역 코퍼스 비교

■ 활동

- 원본 영어 소설의 특정 챕터와 서로 다른 두 번역본을 수집해 병렬 코퍼스를 구축한다.
- *take responsibility* 등 주요 표현의 번역 패턴을 비교하고, 두 번역본의 전략(직역·의역)을 분석한다.

■ 의의

번역의 선택과 해석이 어떻게 영어적·문화적 요소에 의해 달라지는지 실증적으로 탐구할 수 있다.

다) 학술 영어 분석

■ 활동

- 특정 전공 분야(영문학, 경영학 등)의 영어 학술 논문 10편을 모아 코퍼스를 구축한다.
- *It is argued that ..., This study investigates ...* 등 자주 쓰이

는 동사 구문과 *however, therefore* 등 학문적 연결어 사용 패턴을 조사한다.

■ **의의**

학술 글쓰기의 장르 관습을 체계적으로 이해하고, 고급 쓰기 역량을 강화할 수 있다.

라) SNS 빅데이터 기반 분석

■ **활동**

- 트위터(X), Reddit 등에서 기후 변화·인구 문제·백신과 같은 사회 이슈 관련 글 100개 이상을 수집한다.
- 워드리스트, KWIC, 감정 표현(긍정/부정) 등을 분석하여 해당 이슈의 담론적 특징을 정리한다.

■ **의의**

실시간 사회 담론의 영어적 특징을 빠르게 탐구할 수 있으며, 사회영어학·담화 분석 초급 프로젝트로 적합하다.

4) 요약

작은 규모의 과제라도 **자료 수집 → 정제 → 분석 → 해석**의 전 과정을 경험하면, 코퍼스 영어학의 실제 가치와 연구적 시각을 체득할 수 있다. 이 부록에서 제시한 소규모 과제와 프로젝트들은 기본 분석 기술 습득(워드리스트·연어·오류 분석 등), 심화 연구 경험(주제 코퍼스·학술 글쓰기·번역·SNS 분석 등)을 단계적으로 지원한다. 학생들은 이러한 활동을 통해 코퍼스 영어학의 가능성과 실제 적용력을 이해하며, 장차 영어 연구자·교사·번역가로 성장하는 데 필요한 탐구 역량을 기르게 될 것이다.

5) 추천 읽기 자료

- Beeby, A., Rodríguez Inés, P., & Sánchez-Gijón, P. (2009). *Corpus Use and Translating.*
  번역 연구·교육에서 코퍼스 활용 사례를 폭넓게 다룬다.
- Boulton, A., Carter-Thomas, S., & Rowley-Jolivet, E. (Eds.). (2012). *Corpus-Informed Research and Learning in ESP.*
  ESP 교육에서 코퍼스를 활용한 연구 및 교수 전략을 제시한다.
- Gerbig, A., & Mason, O. (2010). *Language, People, Numbers: Corpus Linguistics and Society.*
  코퍼스를 활용한 사회·문화 담화 분석의 흐름과 사례를 제시한다.
- Gilquin, G., Papp, S., & Díez-Bedmar, M. B. (Eds.). (2008). *Linking up Contrastive and Learner Corpus Research.*
  대조언어학과 학습자 코퍼스 연구를 결합한 최신 연구 동향을 제시한다.
- Hunston, S. (2002). *Corpora in Applied Linguistics.*
  어휘·문법·담화 분석 등 응용영어학 전반에서 코퍼스 활용 방법을 폭넓게 소개한다.
- Kennedy, G. (1998). *An Introduction to Corpus Linguistics.*
  코퍼스 영어학의 이론·방법·응용을 균형 있게 정리한 대표적 입문서이다.
- Nesselhauf, N. (2005). *Collocations in a Learner Corpus.*
  학습자 코퍼스 기반의 연어·문법 오류 분석 사례를 다루며, 학습자 영어 연구의 기초 자료이다.

- O'Keeffe, A., McCarthy, M., & Carter, R. (2007). *From Corpus to Classroom.*
  코퍼스 자료가 영어 수업에서 어떻게 활용될 수 있는지 체계적으로 정리한 저작이다.

- Quaglio, P. (2009). *Television Dialogue: The Sitcom Friends vs. Natural Conversation.*
  미디어 대본과 실제 대화의 차이를 코퍼스로 분석한 흥미로운 연구로, 구어 패턴 연구에 유용하다.

- Raso, T., & Mello, H. (Eds.). (2014). *Spoken Corpora and Linguistic Studies.*
  구어 코퍼스 구축·전사·분석의 실제 절차와 방법론을 소개한다.

- Scott, M., & Tribble, C. (2006). *Textual Patterns: Key Words and Corpus Analysis in Language Education.*
  키워드·패턴 분석의 원리를 상세히 논의하며, 교육 현장 적용 방안을 제공한다.

- Sinclair, J. McH. (1991). *Corpus, Concordance, Collocation.*
  연어와 KWIC 분석의 원리를 제시한 코퍼스 영어학의 고전이다.

- Tribble, C., & Jones, G. (1997). *Concordances in the Classroom.*
  코퍼스 기반 수업(DDL)의 기초 원리를 제시하며, 교육 현장에서의 실천적 활용 방안을 제공한다.

- Wiegand, H. E., & Kytö, M. (Eds.). (2008). *Corpus Linguistics: An International Handbook.*

대규모 코퍼스 연구의 이론·도구·분야별 적용을 종합한 백과사전적 자료이다.

나 추천 읽기 자료: 교재, 논문, 온라인 코퍼스 사이트

1) 들어가기

코퍼스 영어학은 **이론과 실제가 긴밀하게 결합된 영역**이다. 탄탄한 학문적 기반을 위해서는 교재와 학술 논문을 통해 기본 개념과 연구 흐름을 이해해야 한다. 동시에 온라인 코퍼스 사이트를 활용하여 실제 데이터를 직접 탐구함으로써, 이론이 실제 영어 자료에서 어떻게 구현되는지 경험적으로 확인할 필요가 있다.

이 절에서는 코퍼스 영어학 학습을 위한 필수 교재와 주요 논문, 그리고 바로 활용 가능한 온라인 코퍼스 사이트를 소개한다.

2) 주요 교재

아래 자료들은 코퍼스 영어학을 처음 접하는 학습자뿐 아니라, 교육자·연구자에게도 유용한 교재이다. 각 책은 코퍼스 영어학의 핵심 개념, 분석 방법, 실제 적용 사례를 균형 있게 다루고 있다.

- Biber, D., Conrad, S., & Reppen, R. (1998). *Corpus Linguistics: Investigating Language Structure and Use.*
  영어 구조와 사용을 코퍼스 기반 접근으로 설명한 대표적 교재이다. 실제 데이터를 활용해 영어적 질문을 탐구하는 방법을 제시하며, 특히 서론은 코퍼스 영어학의 철학적 기반을 이해하는 데 필독서이다.

- Hunston, S. (2002). *Corpora in Applied Linguistics.*

영어 교육과 응용영어학 분야에서 코퍼스 활용 사례를 소개하며, DDL·학습자 코퍼스·담화 분석 등 실제 적용에 중점을 둔 교재이다.

- **Kennedy, G. (1998).** ***An Introduction to Corpus Linguistics.***
  코퍼스 영어학의 기본 개념·코퍼스 구축·텍스트 처리 과정 등을 명확하고 쉽게 설명한 고전적 입문서이다. 특히 1~2장은 필독을 권한다.

- **O'Keeffe, A., McCarthy, M., & Carter, R. (2007).** ***From Corpus to Classroom.***
  코퍼스를 영어 교육으로 연결하는 실제 활동 아이디어가 풍부한 교재로, ELT 분야 연구자와 교사에게 유용한다. 특히 1장은 코퍼스 영어학의 교육적 가치를 직관적으로 보여 준다.

- **Sinclair, J. McH. (1991).** ***Corpus, Concordance, Collocation.***
  코퍼스 기반 의미·연어 연구의 개척자 John Sinclair의 대표 저작이다. 연어와 동시출현(concordance)에 대한 핵심 이론이 담겨 있으며, 2~3장은 반드시 참고할 만하다.

- **Tognini-Bonelli, E. (2001).** ***Corpus Linguistics at Work.***
  코퍼스를 실제 연구에 적용하는 다양한 사례를 소개하며, 코퍼스 영어학 방법론의 실용적 가치를 강조한다. 서론은 코퍼스 연구의 관점 전환을 이해하는 데 도움이 된다.

3) 주요 논문 및 이론서

코퍼스 영어학의 이론적 깊이를 더하고 연구 범위를 확장하는 데 유용한 주요 논문·전문서를 소개한다.

가) 코퍼스 영어학 개론 및 핸드북

- Baker, P. (2009). *Contemporary Corpus Linguistics.*
최신 코퍼스 연구 동향과 다양한 응용 분야를 폭넓게 다루는 개관서이다.

- Biber, D., Conrad, S., & Reppen, R. (1998). *Corpus Linguistics: Investigating Language Structure and Use.*
문어·구어 코퍼스 비교 연구의 대표적 이론서로, 장르 기반 문법·어휘 분석을 이해하는 데 유용하다.

- Garside, R., Leech, G., & McEnery, T. (1997). *Corpus Annotation.*
품사 태깅·의미 주석 등 코퍼스 주석(annotation)의 기본 원리와 기법을 체계적으로 제시한다.

- Gerbig, A., & Mason, O. (2010). *Language, People, Numbers.*
코퍼스 영어학을 사회·문화 연구로 확장하는 방법을 다양한 사례와 함께 제시한다.

- Gilquin, G., Papp, S., & Díez-Bedmar, M. (2008). *Linking up Contrastive and Learner Corpus Research.*
대조언어학과 학습자 코퍼스 연구를 연결한 연구서로, 학습자 영어 분석 이해에 필수적이다.

- Hunston, S. (2011). *Corpus Approaches to Evaluation.*
평가적 영어(stance, appraisal)의 코퍼스 분석을 다루는 심화 연구이다.

- Renouf, A., & Kehoe, A. (2006). *The Changing Face of Corpus Linguistics.*
코퍼스 연구의 변화와 발전 방향을 소개한 학술서이다.

- Sinclair, J. (1991). *Corpus, Concordance, Collocation.*
  코퍼스 영어학의 이론적 전환점을 제시한 대표 저작이다.

- Wiegand & Kytö (2008–2009). *Corpus Linguistics: An International Handbook.*
  두 권으로 구성된 국제 핸드북으로, 코퍼스 유형·방법론·응용 전반을 포괄적으로 다룬다.

나) 코퍼스 영어학의 방법론 및 응용

- Gries, S. (2002). *Multifactorial Analysis in Corpus Linguistics.*
  다요인 코퍼스 분석(multifactorial analysis)을 다룬다.

- Flowerdew, L. (2008). *Corpus-based Analyses of the Problem–Solution Pattern.*
  문제-해결(problem-solution) 담화 패턴을 구문론적으로 분석한다.

- Newman, J., Baayen, H., & Rice, S. (2011). *Corpus-Based Studies in Language Use Language Learning and Language Documentation.*
  영어 사용·학습·문서화에 대한 코퍼스 연구 모음이다.

- Gavioli, L. (2005). *Exploring Corpora for ESP Learning.*
  ESP 학습을 위한 코퍼스 활용을 설명한다.

- Sinclair, J. (2004). *How to Use Corpora in Language Teaching.*
  교육 환경에서 코퍼스 활용 방안을 제시한다.

- O'Keeffe, A., McCarthy, M., & Carter, R. (2007). *From Corpus to Classroom: Language Use and Language*

Teaching.
영어 교육과 코퍼스 연구의 연계를 강조한다.

다) 특정 영어 현상 및 영어 유형 연구

- Nesselhauf, N. (2005). *Collocations in a Learner Corpus.*
  학습자 코퍼스 연어 오류를 분석한다.
- Szmrecsanyi, B. (2006). *Morphosyntactic Persistence in Spoken English.*
  구어 영어의 형태통사적 변이를 연구한다.
- Aijmer, K. (2002). *English Discourse Particles Evidence from a Corpus.*
  영어 담화표지를 분석한다.
- Sinclair, J., & Mauranen, A.(2006). *Linear Unit Grammar.*
  선형 단위준법을 제안한다.
- Mahlberg, M. (2005). *English General Nouns.*
  영어 일반 명사를 연구한다.
- Deignan, A. (2005). *Metaphor and Corpus Linguistics.*
  은유와 코퍼스를 연구한다.
- Hoffmann, S. (2005). *Grammaticalization and English Complex Prepositions.*
  복합 전치사의 문법화를 연구한다.
- Römer, U. (2005). *Progressives Patterns Pedagogy.*
  영어 진행형의 기능적 패턴 분석을 분석한다.

- Aijmer, K., & Stenstrom, A. (2004). *Discourse Patterns in Spoken and Written Corpora.*
  구어·문어 담화 패턴을 연구한다.

- Bednarek, M. (2008). *Emotion Talk Across Corpora.*
  감정 표현의 코퍼스 기반 연구를 한다.

라) 코퍼스 유형 및 영어 다양성 연구

- Gilquin, G., Papp, S., & Díez-Bedmar, M. (2008). *Linking up Contrastive and Learner Corpus Research.*
  대조·학습자 코퍼스를 연구한다.

- Schmidt, T., & Wörner, K. (2012). *Multilingual Corpora and Multilingual Corpus Aanalysis*
  다국어 코퍼스를 연구하고 분석한다.

- Johansson, S. (2007). *Seeing Through Multilingual Corpora.*
  다국어 코퍼스를 활용한 대조 연구 방법을 제시한다.

- Díaz-Negrillo, A., & Díaz-Pérez, F. (2014). *Specialisation and Variation in Language Corpora.*
  코퍼스 전문화·영어 변이를 연구한다.

마) 코퍼스 영어학의 역사 및 발전

- Facchinetti (2007). *Corpus Linguistics 25 Years on.*
  코퍼스 영어학 25주년을 기념하는 연구이다.

- Renouf, A., & Kehoe, a. (2006). *The Changing Face of Corpus Linguistics*
  코퍼스 영어학의 변화와 발전을 연구한다.

- Renouf, A. (2009). *Corpus Linguistics: Refinements and Reassessments.*
  코퍼스 연구의 정교화와 확장을 논의한다.

- Studer, P. (2008). *Historical Corpus Stylistics.*
  역사적 코퍼스 문체론을 연구한다.

바) 사회영어학 및 담화 연구

- Murphy, B. (2010). *Corpus and Sociolinguistics: Investigating Age and Gender in Female Talk.*
  여성 담화에서 연령·성별 변이를 분석한다.

- Baker, P. (2010). *Sociolinguistics and Corpus Linguistics.*
  사회영어학과 코퍼스 영어학의 교차점을 정리한다.

- Baker, P. (2005). *Public Discourses of Gay Men.*
  성소수자 담화 분석의 코퍼스를 적용한다.

4) 주요 온라인 코퍼스 사이트

아래 사이트들은 무료 또는 무료 범위에서 활용 가능하며, 코퍼스 영어학 학습·연구에 즉시 사용할 수 있다.

- **BNC** – 영국 영어 1억 단어 규모의 균형 코퍼스
- **COCA** – 현대 미국 영어 최대 규모의 균형 코퍼스
- **MICASE** – 미시간대학 학술 구어 코퍼스
- **ICLE** – 학습자 영어 코퍼스
- **ICNALE** – 아시아 지역 학습자 코퍼스
- **Sketch Engine** – 다국어 코퍼스 플랫폼(일부 무료 체험 가능)

5) 요약

이 부록에서는 코퍼스 영어학 학습을 위한 핵심 교재, 주요 연구서, 특별 주제별 문헌, 그리고 다양한 온라인 코퍼스 자원을 정리했다. 이러한 자료들은 코퍼스 영어학의 이론적 기반을 다지고, 실제 데이터를 활용한 분석 역량을 기르는 데 필수적이다.

특히 온라인 코퍼스 탐색은 학습자가 영어 데이터를 직접 다루며 **자신만의 질문을 생성하고 탐구하는 경험**을 제공한다는 점에서 교육적 가치가 크다.

다 생각해 보기와 간단한 활동

1) 코퍼스 영어학이란?

[질문]

Q1. 교과서 예문만으로는 실제 영어 사용을 충분히 이해하기 어려운 이유는 무엇일까?

Q2. 최근에 접한 실제 영어 문장과 교과서 문장을 비교하면 어떤 차이가 나타나는가?

[질문 - 예시 답변]

교과서 예문은 특정 문법 규칙이나 표현을 강조하기 위해 인위적으로 구성된 경우가 많아 자연스러운 언어 사용과는 차이가 있다. 반면 실제 언어는 화자의 감정, 맥락, 관계, 즉흥성이 반영되어 훨씬 다양하고 복잡하다. 예를 들어 미디어에서 자주 볼 수 있는 *I'm totally overwhelmed right now.* 같은 표현은 교과서식 문장과는 어조나 강도가 다르다. 이런 차이를 통해 우리는 실제 언어를 이해하려면 실제 사용 데이터를 함께 살펴봐야 한다는 점을 알 수 있다.

[질문 - 추가 설명]

- 교과서 예문은 규범적 설명을 위해 단순화된 패턴이 많다.
- 실제 언어(real usage)는 빈도(frequency), 맥락(context), 담화 기능(discourse functions)을 기반으로 한다.
- 코퍼스는 사람들이 실제로 쓴 언어를 대규모로 모아 놓은 체계적 자료다.
- 코퍼스를 활용하면 직관만으로는 파악하기 어려운 사용 경향, 연어, 변이를 객관적으로 확인할 수 있다.

[간단한 활동]

☐ 최근 본 영어 문장 1개를 적는다.

☐ 교과서 예문 1개를 골라 나란히 비교한다.

☐ 두 문장이 어휘 선택, 감정 표현 방식, 구어적 요소에서 어떻게 다른지 정리한다.

[간단한 활동 - 예시 답안]

- 실제 문장: *I'm kinda struggling with time management these days.*
- 교과서 문장: *I have difficulty managing my time.*
- 차이점: 실제 문장에는 축약형·구어적 표현(*kinda*)·정서 표현(*struggling*)이 나타난다. 교과서 예문은 중립적이고 형식적이다.

2) 직관 기반 연구의 한계

[질문]

Q1. 원어민 직관이 항상 언어 판단에서 신뢰할 수 없는 이유는 무엇일까?

Q2. 실제 사용 빈도 정보가 왜 자연스러운 표현 선택에 중요한 기준이 되는가?

[질문 - 예시 답변]

원어민 직관은 개인적 언어 경험에 의존하기 때문에 모든 언어 사용을 대표하지 않는다. 예를 들어 어느 표현이 문법적으로 가능하더라도 실제로 거의 쓰이지 않는다면 자연스러운 표현으로 보기 어렵다. *do a decision*이 가능해 보이지만 실제 사용에서는 거의 나타나지 않고, *make a decision*이 압도적으로 많이 쓰이는 것이 대표적인 사례다.

[질문 - 추가 설명]

- 직관은 언어의 전체 패턴과 분포를 반영하지 못한다.
- 특정 구조가 문법적으로 가능해도 실제 사용에서는 거의 나타나지 않는 경우가 많다.
- 코퍼스는 빈도·패턴·장르 분포를 데이터로 제시해 실제로 쓰이는 언어를 보여 준다.
- 언어 판단은 가능성보다는 관습적 사용에 더 큰 영향을 받는다.

[간단한 활동]

☐ COCA에서 *decision*을 검색한다.

☐ *make / do / take / reach*가 각각 얼마나 쓰이는지 비교한다.

☐ 가장 자연스러운 표현이 무엇인지 작성한다.

[간단한 활동 - 예시 답안]

- 빈도순: *make* > *take* > *reach*
- 결론: *make a decision*이 압도적이며, 자연스러운 연어임을 확인한다.

3) 실제 언어 자료 기반 접근의 특징

[질문]

Q1. 코퍼스를 통해 단순 빈도 정보 외에 어떤 분석이 가능할까?

Q2. 언어를 규칙보다 패턴으로 이해하는 접근이 어떤 시사점을 줄까?

[질문 - 예시 답변]

코퍼스는 단어 주변의 실제 문맥을 보여 주기 때문에 단순 빈도뿐 아니라 의미적 기능, 담화 기능, 연어 관계까지 파악할 수 있다. 예를 들어 *actually*가 어떤 동사와 결합하는지, 어떤 문맥에서 강조·대조 기능을 수행하는지 등을 직접 확인할 수 있다. 이를 통해 언어가 개별 단어가 아니라 반복되는 패턴 단위로 구성된다는 점을 이해하게 된다.

[질문 - 추가 설명]

- 코퍼스의 핵심 특징
  - **경험적 분석:** 실제 사용 기반
  - **정량·정성 결합:** 빈도 + 문맥
  - **패턴 중심 시각:** 연어·구문·담화 패턴
  - **장르별 변이 분석:** 구어·문어·학술·뉴스의 차이 파악
- 이러한 접근은 언어의 실질적 작동 방식을 이해하는 데 필수적이다.

[간단한 활동]

☐ COCA에서 *actually*를 검색한다.

☐ 함께 쓰이는 동사 3개를 찾는다.

☐ 해당 문맥에서 *actually*의 기능(강조/대조/수정)을 한 문장으로 설명한다.

[간단한 활동 - 예시 답안]

- 동사: *think, say, mean*
- 기능: 화자가 의미를 수정하거나 강조할 때 사용된다.

4) 대표성·균형성·코퍼스 크기 문제

[질문]

Q1. '대표성 있는 코퍼스'를 구축하기 어려운 이유는 무엇일까?

Q2. 특정 장르에 치우친 코퍼스를 사용하면 어떤 편향이 생길까?

[질문 - 예시 답변]

언어는 연령, 지역, 사회집단, 매체, 시대에 따라 매우 다양하기 때문에 하나의 코퍼스가 이를 모두 반영하기 어렵다. 예를 들어 문학 작품만 모은 코퍼스는 구어체 특성을 반영하지 못하고, SNS 기반 코퍼스는 비격식적 표현이 과도하게 포함될 수 있다. 따라서 코퍼스 구축 시 대표성과 균형성을 확보하기 위해 자료를 신중하게 선택해야 한다.

[질문 - 추가 설명]

- 대표성(representativeness) 확보는 현실적으로 매우 어렵다.
- 장르 편향, 시대 편향, 사회집단 편향이 쉽게 발생한다.
- 코퍼스 크기는 너무 작으면 정보 부족, 너무 크면 노이즈 증가·관리 어려움이 생긴다.
- 따라서 목적에 맞는 균형성(balance)과 **적정 규모**가 중요하다.

[간단한 활동]

☐ 뉴스 기사 3편을 모아 워드리스트를 만든다.

☐ 상위 내용어 5개를 기록한다.

☐ 해당 단어들이 기사 주제와 어떻게 연결되는지 설명한다.

[간단한 활동 – 예시 답안]

- 내용어: *policy, crisis, economy, government, impact*
- 해석: 해당 코퍼스가 주로 사회·경제 담론 중심 텍스트임을 보여준다.

5) 빈도와 패턴: 규범에서 사용으로

[질문]

Q1. 문법적으로 가능한 표현이 실제 언어에서 거의 쓰이지 않는 이유는 무엇일까?

Q2. 언어를 '규칙'이 아니라 '빈도와 패턴'으로 이해하면 어떤 통찰을 얻을 수 있을까?

[질문 – 예시 답변]

문법적으로 가능하더라도 실제 언어에서 잘 쓰이지 않는 표현이 많다. 이는 언어가 규범보다 습관적 사용에 의해 유지되기 때문이다. 예를 들어 *do a decision*은 문법적으로 완전히 불가능한 형태는 아니지만 실제 영어 사용에서는 거의 나타나지 않는다. 반대로 *make a decision*은 매우 빈번하게 쓰이며 관습적 패턴으로 자리 잡았다. 언어는 사용 빈도가 높아질수록 자연스러운 표현으로 인식되기 때문에, 빈도와 패턴을 실증적으로 확인하는 것이 중요하다고 생각한다.

[질문 – 추가 설명]

- 실제 언어는 가능성(possibility)보다 사용성(usage)을 중심으로 움직인다.
- 반복적으로 나타나는 동사–명사 결합은 관습적 연어를 형성한다.
- 코퍼스는 특정 표현이 얼마나 자주, 어떤 맥락에서 쓰이는지 보

여 주며 자연스러움 판단의 근거가 된다.

• 패턴 중심 접근은 언어의 '왜 그렇게 쓰이는가'를 설명하는 데 매우 효과적이다.

[간단한 활동]

☐ COCA에서 *decision*을 검색한다.

☐ *make / take / reach / do* 중 실제 사용 빈도가 높은 순서를 기록한다.

☐ 연어 패턴이 표현 선택을 어떻게 결정하는지 설명한다.

[간단한 활동 - 예시 답안]

• 빈도: *make* ≫ *take* > *reach, do*는 거의 없음

• 해석: *make a decision*이 자연스러운 이유는 패턴이 오랜 시간에 걸쳐 굳어졌기 때문이다.

6) 연어와 어휘 패턴

[질문]

Q1. 개별 단어 의미만으로는 실제 사용을 충분히 이해할 수 없는 이유는 무엇일까?

Q2. 단어의 의미가 '함께 쓰이는 단어'에 따라 달라지는 사례는 무엇이 있을까?

[질문 - 예시 답변]

단어는 혼자 쓰일 때보다 특정 단어들과 결합할 때 의미가 더 분명해진다. 예를 들어 *strong*이라는 단어는 *strong coffee, strong argument, strong evidence*에서 각각 다르게 쓰이지만 *heavy coffee*나 *strong rain*은 부자연스럽다. 이는 연어 패턴이 언어 의미를 구성하는 중요한 요소임을 보여 준다. 학습자는 단어 하나만 외우는 방식

에서 벗어나 연어와 패턴을 중심으로 학습해야 한다고 생각한다.

[질문 - 추가 설명]

- 연어는 단어들이 실제로 자주 결합하는 통계적 관계다.
- 연어 지식은 자연스러운 표현을 선택하는 데 필수적이며, 학습자 오류의 주요 원인과도 관련된다.
- 코퍼스는 단어가 어떤 어휘와 결합하고, 어떤 의미장을 형성하는지 정밀하게 보여 준다.
- 어휘 학습을 '단어-뜻' 방식에서 '단어-패턴' 방식으로 확장하게 한다.

[간단한 활동]

☐ COCA에서 *coffee*를 검색한다.
☐ 함께 나타나는 형용사 3개 이상을 기록한다.
☐ *strong* / *powerful* / *intense* 중 어떤 형용사가 실제 사용에서 자연스러운지 판단한다.

[간단한 활동 - 예시 답안]

- 상위 형용사: *strong, black, hot*
- 판단: *strong coffee*가 가장 자연스럽고 일반적이다. *powerful coffee*는 드물며 *intense*는 제한적 맥락에서만 쓰인다.

7) 문어 vs 구어: 사용 양식의 차이

[질문]

Q1. 구어체와 문어체는 어휘, 문장 구조, 발화 방식에서 어떤 차이를 보일까?

Q2. 원어민 구어에서 자주 등장하지만 교과서에서는 잘 보이지 않는 요소는 무엇일까?

[질문 - 예시 답변]

구어는 상호작용 중심이기 때문에 불완전한 문장, 반복, 감탄사, 축약형이 자주 나타난다. 예를 들어 *I mean ... it was kinda weird, you know?*와 같은 표현은 구어에서는 자연스럽지만 문어에서는 거의 나타나지 않는다. 반면 문어는 수정·편집을 거쳐 문장이 길고 명확하며, 격식을 갖춘 표현이 많다. 이런 차이는 코퍼스를 비교해 보면 더 분명하게 드러난다.

[질문 - 추가 설명]

- 구어(spoken): 즉흥성, 담화 표지어(*you know, I mean*), 축약형, 반복, 짧은 단위
- 문어(written): 문장 구조가 길고 정돈되어 있으며, 정보·논리 중심
- 장르에 따른 변이(register variation)는 코퍼스 비교 분석에서 핵심 연구 대상이다.
- 구어의 비유창성(disfluency)은 기능적 역할(시간 확보, 강조, 반응 유도)을 수행한다.

[간단한 활동]

☐ 유튜브 영어 인터뷰 스크립트 1개를 선택한다.
☐ 상위 빈도 단어 5개를 기록한다.
☐ 같은 주제의 뉴스 기사 1개와 비교해 어휘 차이를 설명한다.

[간단한 활동 - 예시 답안]

- 인터뷰 상위 단어: *I, you, like, yeah, so*
- 기사 상위 단어: *policy, report, government, economic*
- 결론: 구어는 상호작용 중심 어휘, 문어는 정보 중심 어휘가 우세하다.

8) 장르에 따른 언어 변이: 뉴스·소설·학술 담화

[질문]

Q1. 뉴스, 소설, 학술 논문은 각각 어떤 언어적 특징을 갖고 있을까?

Q2. 장르 분석을 통해 언어 사용의 차이를 이해하는 것이 왜 중요할까?

[질문 - 예시 답변]

뉴스는 사실 전달을 위해 객관적이고 간결한 문장을 사용하며, 소설은 감정 표현과 대화 중심으로 구성된다. 반면 학술 논문은 분석적이며 비개인적 어조를 사용한다. 장르별 언어 특징을 비교하면 텍스트 목적과 담화 구조가 어떻게 달라지는지 이해할 수 있어, 언어 사용을 보다 체계적으로 바라볼 수 있다.

[질문 - 추가 설명]

- 뉴스: 정보 전달, 객관적 문체, 주제 명사 중심
- 소설: 서사·묘사, 대화, 구어적 요소 혼재
- 학술 논문: 명사화, 인과·분석, 비개인적 어조
- 장르 연구는 어휘·문체·문법의 차이를 설명하며, 텍스트 목적과 직접 연결된다.

[간단한 활동]

☐ 뉴스 1편, 소설 1편, 학술 논문 1편을 선택한다.
☐ 기능어를 제외한 상위 5개 내용어를 기록한다.
☐ 장르별 어휘 차이를 텍스트 목적과 연결해 설명한다.

[간단한 활동 - 예시 답안]

- 뉴스: *crisis, policy, people, market, report*
- 소설: *said, man, eyes, room, night*
- 학술: *analysis, data, method, research, significance*
- 해석: 정보 전달 vs 서사 vs 분석이라는 텍스트 목적이 어휘 패턴에 반영된다.

9) 워드리스트와 키워드 분석

[질문]

Q1. 워드리스트와 키워드 분석은 어떻게 다르며, 각각 어떤 상황에서 더 유용할까?

Q2. 특정 단어의 '절대적 빈도'와 '상대적 중요성'을 구별해야 하는 이유는 무엇일까?

[질문 - 예시 답변]

워드리스트는 텍스트 안에서 어떤 단어가 얼마나 자주 등장하는지를 보여 주는 기본적인 목록이다. 반면 키워드 분석은 특정 텍스트가 다른 텍스트에 비해 어떤 단어를 상대적으로 많이 사용하는지 비교해 주는 분석 방법이다. 예를 들어, 환경 관련 기사에서는 *climate*, *carbon* 같은 단어가 키워드로 떠오를 수 있는데, 이는 단지 자주 등장해서가 아니라 그 텍스트의 주제적 특성을 반영하기 때문이다. 두 분석은 서로 다른 목적을 가지며, 텍스트의 주제를 파악하거나 담론적 특징을 찾는 데 중요한 역할을 한다.

[질문 - 추가 설명]

- 워드리스트는 텍스트의 기본 어휘 분포를 보여 주며, 전체 구조를 빠르게 파악하는 데 유용하다.
- 키워드 분석은 특정 코퍼스가 다른 참조 코퍼스와 비교했을 때 상대적으로 두드러지는 단어를 확인하는 방식이다.
- 키워드는 텍스트의 주제·관점·이념·담론 구조를 드러낸다.
- 두 분석을 함께 사용하면 텍스트의 표면적 특징과 심층적 의미를 모두 파악할 수 있다.

[간단한 활동]

☐ 뉴스 기사 3편을 모아 워드리스트를 만든다.

☐ 기능어를 제외한 상위 5개 단어를 기록한다.

□ 동일 기사들을 참조 코퍼스와 비교해 키워드를 추출한다.
□ 워드리스트 단어와 키워드 단어의 의미적 차이를 설명한다.

[간단한 활동 - 예시 답안]

- 워드리스트 상위 단어: *government, policy, people, market, inflation*
- 키워드: *inflation, rate, economic* 등
- 해석: 워드리스트는 '자주 등장한 단어'를 보여 주고, 키워드는 '해당 텍스트의 특수성'을 보여 준다.

10) 연어와 어휘 패턴

[질문]

Q1. 왜 단어의 의미는 단독이 아니라 '함께 쓰이는 단어'(연어)에 의해 달라지는가?

Q2. 학습자가 연어 지식을 갖추는 것이 왜 중요할까?

[질문 - 예시 답변]

단어는 맥락 없이는 의미가 하나로 고정되지 않는다. 예를 들어 *heavy rain*과 *strong coffee*는 자연스럽지만 *heavy coffee*나 *strong rain*은 어색하다. 이는 단어가 관습적으로 결합하는 상대를 통해 의미를 형성하기 때문이다. 학습자에게 연어는 자연스러운 표현력을 결정하는 핵심 요소이므로, 코퍼스 기반 연어 학습은 언어 습득에서 매우 중요하다고 생각한다.

[질문 - 추가 설명]

- 연어는 규칙적 공기(co-occurrence)의 결과이며, 원어민의 '자연스러움 판단'을 형성한다.
- 연어 지식은 학습자 오류(예: *do a mistake, heavy wind*)를 방지

하는 데 필수적이다.

- 코퍼스는 특정 단어가 어떤 단어와 결합하는지 빈도·범위·강도를 객관적으로 보여 준다.
- 어휘 학습을 단순 암기에서 패턴 기반 학습으로 전환하게 한다.

[간단한 활동]

☐ COCA에서 *issue*를 검색한다.

☐ 자주 결합하는 동사 5개를 기록한다.

☐ 이 동사들이 가지는 의미적 특성을 비교한다.

[간단한 활동 - 예시 답안]

- 주요 동사: *address, raise, discuss, resolve, highlight*
- 해석: *issue*는 '제기·해결·논의'와 관련된 의미장을 중심으로 연어를 형성한다.

11) 품사 태깅과 패턴 문법

[질문]

Q1. 품사 태깅된 코퍼스는 어떤 점에서 일반 코퍼스보다 분석 가치가 높을까?

Q2. 단어의 품사에 따라 용법이 달라지는 대표적인 사례는 무엇일까?

[질문 - 예시 답변]

품사 태깅 코퍼스는 단어의 문맥적 역할을 명확히 구분해 주기 때문에 단순한 빈도 분석보다 훨씬 정교한 연구가 가능하다. 예를 들어 run이 명사일 때와 동사일 때의 의미적 범주와 연어가 모두 달라진다. 이런 정보는 문법 패턴이나 의미 확장을 분석하는 데 핵심적이다.

[질문 - 추가 설명]

- 품사 태깅(POS tagging)은 텍스트에 문법적 주석(annotation)을 부여하는 과정이다.
- 이를 통해 단어의 문법적 기능, 위치, 패턴을 정밀하게 추출할 수 있다.
- 패턴 문법은 단어와 문법 구조가 고정된 조합을 이루는 방식으로 언어를 설명한다.
- 예: V + that-clause, Adj + to-infinitive, N + of + N 등
- 코퍼스 기반 패턴 문법은 언어 구조를 '실제 사용 기반'으로 이해하도록 돕는다.

[간단한 활동]

☐ COCA에서 *run*_V와 *run*_N을 각각 검색한다.
☐ 상위 5개 KWIC 예시를 비교한다.
☐ 의미 차이와 쓰임 차이를 정리한다.

[간단한 활동 - 예시 답안]

- *run*_V: *run fast, run a business, run late*
- *run*_N: *a quick run, a test run, a run of luck*
- 결론: 동일한 형태라도 품사에 따라 결합 대상·의미·문맥이 모두 달라진다.

12) 학습자 어휘 분석과 오류 유형

[질문]

Q1. 학습자 코퍼스를 활용하면 어떤 종류의 어휘적·문법적 오류를 체계적으로 파악할 수 있을까?

Q2. 학습자 오류가 '과잉 사용'과 '과소 사용'로 나뉘는 이유는 무엇일까?

[질문 - 예시 답변]

학습자 코퍼스를 분석해 보면 특정 전치사나 관사, 구동사 등에서 반복적인 오류가 나타난다. 또 *very, so*와 같은 강조 부사를 과도하게 사용하는 경우도 많다. 반면 원어민이 자주 사용하는 표현이나 구조는 거의 사용하지 않는 경우가 있는데, 이는 과소 사용 문제라고 볼 수 있다. 이런 오류는 학습자의 언어 지식과 실제 사용 간의 간극을 보여 준다.

[질문 - 추가 설명]

- 학습자 코퍼스는 집단적 오류 패턴을 객관적으로 보여 주는 도구이다.
- 대표적 오류 유형:
  - ▸ 과잉 사용(overuse)
  - ▸ 과소 사용(underuse)
  - ▸ 오용(misuse)
- 예: *very* + 형용사 과다 사용, 전치사 오류, 관사 생략, 부정확한 연어 조합
- 이러한 결과는 교육과 교재 개발의 근거로 활용된다.

[간단한 활동]

☐ 자신의 최근 영어 글 300~500 단어를 준비한다.
☐ 워드리스트를 생성한다.
☐ 주요 내용어 10개를 확인한다.
☐ 원어민 코퍼스와 비교해 과잉 사용/과소 사용 가능성이 있는 단어 3개를 기록한다.

[간단한 활동 - 예시 답안]

- 본인 상위 단어: *I, think, very, people, important*
- 과잉 사용 가능 단어: *I, think, very*
- 해석: 개인적 서술·강조 부사 의존도가 높으며, 학술적 연결어 부족이 나타남.

13) KWIC을 통한 문맥 기반 분석

[질문]

Q1. 단어 빈도만 보는 것과 KWIC를 함께 보는 것은 어떤 차이를 만드는가?

Q2. KWIC 분석이 어휘 의미·패턴을 깊게 이해하는 데 도움이 되는 이유는 무엇인가?

[질문 - 예시 답변]

단어 빈도는 해당 단어가 얼마나 자주 등장하는지 알려 주지만, 그 단어가 어떤 맥락에서 어떤 의미로 사용되는지는 보여 주지 않는다. 반면 KWIC 분석은 단어가 나타난 주변 문맥을 직접 보여 주기 때문에 실제 의미 사용과 연어 패턴을 확인할 수 있다. 예를 들어 *actually*가 얼마나 자주 쓰였는지보다 어떤 동사나 구조와 함께 쓰이는지를 보면, 실제 담화에서 수행하는 기능을 더 명확히 이해할 수 있다.

[질문 - 추가 설명]

- KWIC은 특정 단어의 문맥적 환경을 한눈에 비교·관찰하게 하는 핵심 기능이다.
- 동일한 단어라도 앞뒤 어휘·구문에 따라 의미·용법이 달라진다.
- KWIC은 다의어(polysemy), 담화 표지어, 연어 패턴을 확정하는 데 매우 효과적이다.
- 단순 빈도 분석이 제공하지 못하는 질적 정보(qualitative evidence)를 보완한다.

[간단한 활동]

☐ 자신의 영어 글에서 *actually*를 KWIC으로 검색한다.

☐ *actually* 앞뒤에 나타난 상위 어휘 3개씩을 기록한다.

□ 해당 문맥에서 *actually*의 기능을 한 문장으로 설명한다.

[간단한 활동 – 예시 답안]

- 앞뒤 어휘: *I, think / was, really / going, to*
- 기능: 말의 강도 조절, 예상과 다른 정보 제시, 발화 수정의 기능을 수행한다.

14) 안트콘크 기본 분석

[질문]

Q1. 안트콘크의 Word 기능과 Concordance 기능은 각각 어떤 목적에 적합한가?

Q2. 텍스트를 여러 편 모아 분석할 때 어떤 장점이 생기는가?

[질문 – 예시 답변]

Word 기능은 텍스트 전체에서 어떤 단어가 얼마나 자주 나타나는지 파악하는 데 적합하고, Concordance 기능은 특정 단어의 실제 사용 맥락을 확인할 때 유용하다. 여러 텍스트를 함께 분석하면 개인 문서나 특정 장르의 특징을 넘어 더 넓은 패턴을 발견할 수 있다. 예를 들어 뉴스 기사 몇 편을 묶으면 해당 기간의 사회적 관심사를 보다 명확하게 파악할 수 있다.

[질문 – 추가 설명]

- Word: 빈도 기반 특징 파악, 핵심 어휘·주제 도출
- Concordance: 문맥 기반 의미·용법 분석, 연어·담화 기능 확인
- 파일 병합 분석은 개별 텍스트의 편향을 줄이고 집단적 언어 패턴을 파악하게 한다.
- 안트콘크는 학습자 코퍼스, 소규모 연구, 문체 분석에 적합한 무료 도구이기도 하다.

[간단한 활동]

☐ 뉴스 기사 3편을 하나의 폴더에 넣고 안트콘크로 연다.

☐ Word 기능으로 상위 10개 단어를 기록한다.

☐ Concordance 기능으로 *policy* 또는 *market*의 KWIC을 확인한다.

[간단한 활동 – 예시 답안]

- 상위 단어: *government, policy, people, economic* 등
- KWIC 관찰: policy는 대부분 *government, plan, reform*과 결합하여 정책 담론을 구성한다.

15) 안트워드프로파일러와 어휘 수준 분석

[질문]

Q1. 어휘 수준 분석(vocabulary profiling)이 학습자의 글쓰기 평가에 어떤 정보를 제공하는가?

Q2. 같은 단어라도 기능어인지 내용어인지 구분하는 것이 왜 중요한가?

[질문 – 예시 답변]

어휘 수준 분석은 글에 사용된 단어가 어떤 수준(K1·K2·Academic)에 속하는지를 보여 주기 때문에 학습자의 어휘 다양성과 학술적 표현력 수준을 객관적으로 평가할 수 있다. 예를 들어 내용어가 부족하고 기능어만 반복된다면 학술적 글쓰기에서는 설득력과 밀도가 떨어질 수밖에 없다. 따라서 어휘 수준 분석은 글의 질적 개선 방안을 찾는 데 중요한 지표라고 할 수 있다.

[질문 – 추가 설명]

- 안트워드프로파일러는 텍스트의 어휘 수준, 다양성, 학술 어휘

비중을 측정한다.

- K1(초빈도), K2(중빈도), AWL(학술어휘)로 구분해 글의 성격을 진단하게 한다.
- 학습자 글쓰기의 '단순 어휘 의존' 문제를 객관적으로 파악하는 데 매우 효과적이다.
- 기능어(function words)는 문법적 역할 중심, 내용어(content words)는 의미 전달 중심이다.

[간단한 활동]

☐ 본인의 영어 글 400-500 단어를 분석한다.

☐ K1·K2·AWL 비율을 적는다.

☐ 내용어 상위 10개를 기록한다.

☐ 개선이 필요한 영역 2가지를 정리한다.

[간단한 활동 - 예시 답안]

- K1 72%, K2 14%, AWL 6%
- 내용어(*people, think, problem* 등) 기초 어휘 중심
- 개선점: 학술 어휘 보강, 단순 강조 표현(very 등) 감소 필요

16) 태그안트 기반 품사 태깅 분석

[질문]

Q1. 태그안트 같은 품사 태깅 도구가 텍스트 분석의 정밀도를 어떻게 높이는가?

Q2. 품사 정보를 활용해 분석할 수 있는 연구 질문에는 어떤 것들이 있을까?

[질문 - 예시 답변]

품사 태깅은 단어를 명사·동사·형용사 등으로 자동 분류해 주기

때문에, 특정 품사가 어떻게 분포하고 어떤 패턴을 이루는지 구조적으로 분석할 수 있다. 예를 들어 학술 논문에서는 명사 비율이 높고, 구어에서는 동사·대명사가 상대적으로 많다는 사실을 품사 태깅으로 확인할 수 있다. 이런 정보는 장르 차이나 학습자 오류를 분석할 때 매우 유용하다.

[질문 - 추가 설명]

- 품사 태깅은 텍스트에 문법적 메타데이터를 부여하여 정교한 분석을 가능하게 한다.
- 주요 분석 예:
  - ▸ 동사의 시제상 분포
  - ▸ 형용사/부사의 위치 패턴
  - ▸ 장르별 품사 구성 차이
  - ▸ 학습자 문장의 품사 오류 패턴
- 태그안트는 대규모 분석에는 한계가 있으나 교육·연습·소규모 연구에 적합하다.

[간단한 활동]

☐ 태크안트에 본인의 텍스트를 업로드한다.
☐ 품사별 비율(N/V/Adj/Adv)을 기록한다.
☐ 해당 텍스트가 어떤 장르적 특징을 가지는지 해석한다.

[간단한 활동 - 예시 답안]

- 예: N 48%, V 22%, Adj 11%, Adv 8%
- 해석: 명사 비중이 높고 형용사가 적어, 보고서·설명문 성격이 강하다.

17) 미니 코퍼스 구축 방법

[질문]

Q1. 개인이 직접 미니 코퍼스를 구축하는 것이 어떤 학습적·연구적 장점을 가지는가?

Q2. 자료 수집 시 어떤 기준(장르·시기·주제·저작권)을 고려해야 할까?

[질문 - 예시 답변]

미니 코퍼스를 구축하면 나만의 관심사나 연구 질문에 맞는 언어 자료를 직접 모아 분석할 수 있다. 이는 코퍼스 언어학의 핵심 절차를 경험적으로 이해하게 해 주며, 데이터 기반 사고력을 기르는 데 큰 도움이 된다. 자료를 수집할 때는 장르와 시기가 지나치게 중복되지 않도록 하고, 저작권 문제가 없는 자료를 사용하는 것이 중요하다.

[질문 - 추가 설명]

- 미니 코퍼스의 장점:
  - 실제 연구 절차(텍스트 자료 수집→정제→분석) 체험
  - 특정 주제·장르에 대한 심층 탐구
  - 학습자 자신의 언어 습관 분석
- 수집 시 고려 기준:
  - 장르 다양성
  - 최신성·대표성
  - 텍스트 길이
  - 저작권·출처 명시
- 미니 코퍼스는 10,000-50,000 단어 수준에서도 유의미한 패턴을 발견할 수 있다.

[간단한 활동]

□ 관심 있는 주제(AI, 환경, 교육 등)에 대한 텍스트 10편을 모은다.

□ txt 파일로 정리해 하나의 미니 코퍼스를 만든다.

□ Word와 Concordance 기능을 사용해 주요 패턴 2개를 발견한다.

□ 해당 패턴이 주제를 어떻게 반영하는지 설명한다.

[간단한 활동 - 예시 답안]

- 주제: *AI*
- 코퍼스 특징 패턴: *impact on ..., the future of ...*
- 해석: 담론이 '영향'과 '미래 전망' 중심으로 구성됨을 보여 준다.

18) 영어교육: 교재 개발과 학습자 분석

[질문]

Q1. 코퍼스 기반 교재가 전통적 교재보다 학습자에게 더 효과적일 수 있는 이유는 무엇일까?

Q2. 학습자 코퍼스 분석을 통해 교실 수업에서 얻기 어려운 어떤 정보를 확인할 수 있을까?

[질문 - 예시 답변]

코퍼스 기반 교재는 실제 언어 사용을 근거로 어휘와 구문을 선정하기 때문에 학습자가 일상적·학문적 맥락에서 자주 접하는 표현을 자연스럽게 익힐 수 있다. 전통적 교재는 규칙 설명에 초점을 두다 보니 실제 사용과 괴리가 생기는 경우가 많지만, 코퍼스 교재는 실제 빈도와 연어를 제시해 자연스러운 언어 습득을 돕는다. 또한 학습자 코퍼스는 특정 학습자 집단이 반복해서 범하는 오류를 보여 주기 때문에 수업 설계나 피드백 개선에 중요한 근거가 된다.

[질문 – 추가 설명]

- 코퍼스 기반 교재의 특징
  - ▸ 실제 사용 빈도에 근거한 어휘·구문 제시
  - ▸ 자연스러운 연어 중심 설명
  - ▸ 장르·문체별 실제 쓰임 제공
- 학습자 코퍼스 분석이 제공하는 정보
  - ▸ 과잉 사용·과소 사용·오용 등 집단적 오류 패턴
  - ▸ 목적 언어와 학습자 중간언어(interlanguage)의 간극
  - ▸ 교수·평가 개선의 객관적 근거

[간단한 활동]

☐ 자신의 영어 글 400 단어를 준비한다.

☐ Word 기능으로 상위 10개 단어를 기록한다.

☐ 그중 내용어 5개를 골라 원어민 코퍼스와 비교한다.

☐ 과잉 사용/과소 사용 가능성이 있는 단어를 분석한다.

[간단한 활동 – 예시 답안]

- 상위 단어: *I, think, very, issue, people* 등
- 비교 결과: *think*·*very* 과잉 사용, 학술적 연결어 부족
- 결론: 학습자 코퍼스 분석은 실제 개선 방향을 구체적으로 제시한다.

19) 통번역: 병렬 코퍼스 활용

[질문]

Q1. 병렬 코퍼스는 번역의 질을 어떻게 높일 수 있을까?

Q2. 직역과 자연스러운 번역을 구분하는 데 병렬 코퍼스는 어떤 역할을 할까?

[질문 - 예시 답변]

병렬 코퍼스는 원문과 번역문을 나란히 보여 주기 때문에 특정 표현이 실제 번역에서 어떻게 처리되는지를 직접 확인할 수 있다. 이를 통해 자연스러운 번역 관습을 파악하고, 과도한 직역을 피할 수 있게 된다. 예를 들어 *take responsibility*가 한국어로 책임을 지다로 번역되는 패턴을 반복적으로 확인하면 향후 유사한 문맥에서 자연스러운 번역 선택을 할 수 있다.

[질문 - 추가 설명]

- 병렬 코퍼스의 핵심 장점
  - 원문–번역문 1:1 대응 확인
  - 자연스러운 번역 패턴 비교
  - 전문 번역가의 관행·선호 분석
- 활용 예
  - 법률·의학 등 전문 텍스트의 번역 기준 확인
  - 의미 확장·축약의 기법 파악
  - 기계 번역 후편집(post-editing)의 기준 제공

[간단한 활동]

□ OPUS 코퍼스에서 *climate change*를 검색한다.
□ 한국어 번역에서 가장 빈번한 표현 3개를 기록한다.
□ 번역 선택이 문맥에 따라 어떻게 달라지는지 정리한다.

[간단한 활동 - 예시 답안]

- 번역 패턴: 기후 변화 / 기후 변동 / 기후 위기
- 해석: 뉴스·학술·정책 담화 등 장르에 따라 용어 선택이 달라진다.

20) 사회·문화 담화 분석

[질문]

Q1. 반복적으로 등장하는 사회 담론 키워드는 특정 시대의 가치관을 어떻게 반영하는가?

Q2. 대조 코퍼스를 활용하면 어떤 문화적 차이를 발견할 수 있을까?

[질문 - 예시 답변]

뉴스 키워드를 분석해 보면 특정 시기에 사회가 어떤 문제를 가장 심각하게 인식하는지 알 수 있다. 예를 들어 *climate, youth unemployment, inflation* 같은 단어가 집중적으로 나타난다면 그 시기의 사회적 우선순위를 반영한다고 볼 수 있다. 또한 한국어 '자유'와 영어 freedom의 연어를 비교하면 두 언어가 동일한 개념을 서로 다른 문화적 프레임으로 이해하고 있음을 확인할 수 있다.

[질문 - 추가 설명]

- 담화 키워드는 특정 시대·사회가 공유하는 가치·이념·우려를 반영한다.
- 대조 코퍼스(contrastive corpora)는 언어 간 차이를 분석해 문화적 관점, 사회적 강조점, 이데올로기적 차이를 드러낸다.
- 예: *freedom* vs 자유, *democracy* vs 민주주의 등

[간단한 활동]

☐ 신문 기사 10편을 수집해 하나의 코퍼스로 만든다.

☐ 키워드 분석을 수행해 5개 핵심 키워드를 기록한다.

☐ 각 키워드가 어떤 사회적 담론을 반영하는지 한 문장씩 정리한다.

[간단한 활동 - 예시 답안]

- 키워드: *climate, carbon, energy, future, responsibility*
- 해석: 환경 담론이 위기 대응·정책·미래 세대 책임을 중심으로

구성됨을 확인할 수 있다.

21) 전문 목적 영어 (의학·법률·비즈니스)

[질문]

Q1. 전문 목적 영어는 일반 영어와 어떤 점에서 가장 크게 구별되는가?

Q2. 코퍼스를 활용하면 특정 분야의 전문 용어·문체 패턴을 어떻게 더 정확하게 파악할 수 있는가?

[질문 - 예시 답변]

전문 목적 영어는 의학·법률·비즈니스 등 분야 고유의 용어, 구문, 문체를 가진다. 예를 들어 의학 영어는 *diagnosis, treatment*와 같은 기술 용어 중심이고, 법률 영어는 *hereby, whereas* 같은 고정된 법률 표현을 사용한다. 코퍼스를 활용하면 특정 전문 분야의 담화 패턴을 실제 데이터로 확인할 수 있어, 단순 암기가 아닌 체계적 패턴 학습이 가능하다.

[질문 - 추가 설명]

- 전문 목적 영어의 특징
  - 기술 용어(technical terms)의 사용
  - 고정된 문체(legalese, academic register 등)
  - 의미의 정확성·해석의 엄밀성 요구
- 코퍼스 활용 효과
  - 실제 분야별 문서의 전형적 패턴 확인
  - 전문 용어의 빈도·연어·문법적 구조 분석
  - 직무 현장에서 요구되는 언어 능력으로 연결

[간단한 활동]

□ 비즈니스 이메일 코퍼스에서 *attached*를 검색한다.

☐ 가장 자주 등장하는 패턴 3개를 기록한다.

☐ 이 패턴이 비즈니스 커뮤니케이션의 어떤 특징을 보여 주는지 설명한다.

[간단한 활동 - 예시 답안]

- 패턴: *please find attached ..., attached file ..., I have attached ...*
- 해석: 비즈니스 영어는 명료성·정중함·관례적 표현 사용이 특징적이다.

22) AI 번역과 대규모 코퍼스

[질문]

Q1. AI 번역 모델이 기존 번역 시스템보다 더 자연스러운 결과를 내는 이유는 무엇일까?

Q2. 대규모 코퍼스가 번역 모델의 성능에 어떤 방식으로 기여한다고 생각하는가?

[질문 - 예시 답변]

AI 번역 모델은 수천억 단어 규모의 코퍼스를 학습하면서 특정 표현이 실제로 어떤 맥락에서 쓰이는지 패턴을 발견한다. 즉, 언어를 단순한 규칙이 아니라 패턴의 통계적 분포로 이해하는 방식이다. 이 덕분에 번역 모델은 문맥에 맞는 표현을 선택할 수 있고, 관용적 표현이나 연어도 자연스럽게 반영한다. 결국 대규모 코퍼스는 모델이 인간과 유사한 언어 직관을 통계적으로 학습하도록 돕는 핵심 기반이라고 생각한다.

[질문 - 추가 설명]

- AI 번역 성능의 핵심은 대규모 병렬·비병렬 코퍼스 학습에 있다.
- 번역 모델은 문장 대응뿐 아니라 연어·담화 패턴·문체적 특징까

지 통계적으로 학습한다.

- 코퍼스 규모가 커질수록 문맥 예측 능력, 표현 다양성, 오류 수정 능력이 향상된다.
- 인간 번역가의 직관을 '데이터 기반으로 근사'하는 방식이므로, 코퍼스는 AI 번역의 본질적 자원이다.

[간단한 활동]

☐ 구글 번역 또는 DeepL로 문장 3개를 번역한다.
☐ 각 문장의 핵심 표현(2~3개)을 추출한다.
☐ 해당 표현이 원어민 코퍼스에서 실제로 얼마나 쓰이는지 확인한다.

[간단한 활동 – 예시 답안]

- 번역된 표현: *take action, urgent issue, growing concern*
- 코퍼스 결과: 모두 높은 빈도로 등장하는 자연스러운 표현
- 결론: AI 번역이 자연스러운 이유는 실제 사용 패턴을 대규모로 학습하기 때문이다.

23) 빅데이터 언어 연구의 가능성과 위험

[질문]

Q1. 빅데이터 기반 언어 연구의 장점은 무엇일까?

Q2. 하지만 '데이터가 많을수록 좋다'는 주장에 어떤 문제가 있을까?

[질문 – 예시 답변]

빅데이터 언어 연구는 다양한 장르·문체·담화를 포괄하기 때문에 언어 사용의 폭넓은 패턴을 분석할 수 있다는 장점이 있다. 하지만 데이터가 많다고 해서 항상 대표성이 보장되는 것은 아니다. 특정 커뮤니티의 글이나 특정 시기 자료가 과도하게 포함되면 분석 결과가 편향될 수 있으며, 의미 없는 노이즈가 많아져 해석을 어렵

게 만들 수 있다.

[질문 - 추가 설명]

- 빅데이터 언어 연구의 장점
  - ▸ 대규모 변이 분석 가능
  - ▸ 드문 표현·희귀 패턴도 탐지
  - ▸ 장르·사회집단 간 비교 확장
- 그러나 위험성도 존재함
  - ▸ 대표성·균형성 부족 → 편향적 결론
  - ▸ 노이즈 증가 → 의미 해석 어려움
  - ▸ '양'이 '질'을 대체할 수 없음

[간단한 활동]

☐ Reddit·Twitter 등 SNS 코퍼스의 특징을 3가지 정리한다.

☐ SNS 데이터가 언어 연구에 줄 수 있는 장단점을 각각 2가지씩 제시한다.

[간단한 활동 - 예시 답안]

- 특징: 비격식성, 구어적 표현, 실시간성
- 장점: 실제 사용 반영, 다양한 집단의 언어 확보
- 단점: 품질 편차 큼, 비표준 표현 다수 → 정제 어려움

24) 윤리적 쟁점과 데이터 책임

[질문]

Q1. 코퍼스 구축 과정에서 발생할 수 있는 윤리적 문제에는 어떤 것이 있을까?

Q2. 개인정보가 포함된 텍스트를 분석하는 경우 어떤 점을 특히 주의해야 할까?

[질문 - 예시 답변]

코퍼스를 만들기 위해 웹에서 수집한 텍스트에는 종종 개인 정보나 민감한 내용이 포함될 수 있다. 이런 자료를 적절한 절차 없이 사용하면 프라이버시 침해 문제가 발생한다. 특히 의료 기록이나 이메일처럼 개인 식별이 가능한 자료는 익명화하지 않으면 연구 윤리에 위배된다. 따라서 코퍼스 구축 시 법적·윤리적 기준을 철저히 검토해야 한다.

[질문 - 추가 설명]

- 주요 윤리 이슈
  - 개인정보 포함 여부
  - 저작권·사용 허가 문제
  - 데이터 익명화·삭제 절차
- 기술적으로 가능한 것과 윤리적으로 허용되는 것 사이에는 항상 격차가 존재한다.
- 데이터 책임(data stewardship)은 코퍼스 연구의 필수 조건이다.
- 특히 의료·법률·교육 데이터는 익명화·보안 관리가 핵심이다.

[간단한 활동]

☐ 개인정보가 포함될 수 있는 텍스트 유형 5개를 적는다.

☐ 해당 자료를 코퍼스에 포함하기 위해 필요한 최소한의 조치를 정리한다.

[간단한 활동 - 예시 답안]

- 텍스트 유형: 이메일, 상담 기록, 의료 문서, SNS DM, 학생 과제
- 조치: 익명화, 법적 허가, 용도 제한 명시, 접근권한 최소화

25) 미래 연구 방향

[질문]

Q1. 앞으로 코퍼스 연구는 어떤 방식으로 AI 기술과 결합될 것으로 예상되는가?

Q2. 연구자 관점에서 '설명 가능한 언어 모델(Explainable AI)'은 왜 중요한가?

[질문 - 예시 답변]

AI 모델이 언어를 어떻게 처리하는지 투명하게 이해할 수 있어야 연구자와 교육자가 모델의 한계를 정확히 판단할 수 있다. 또한 코퍼스 기반 언어 자료와 AI 모델의 출력물을 비교하면 모델이 어떤 패턴을 과대일반화하거나 왜곡하는지를 파악할 수 있다. 앞으로는 코퍼스 분석 결과를 모델 학습·평가에 직접 활용하고, 반대로 모델 예측을 코퍼스와 대조해 해석하는 연구가 활발해질 것으로 보인다.

[질문 - 추가 설명]

- 코퍼스 연구와 AI의 결합 방향
  - ▸ AI 생성 텍스트의 품질 평가
  - ▸ 대규모 언어 모델의 편향·오류 분석
  - ▸ 코퍼스 기반 모델 훈련 및 미세 조정
- 설명 가능한 언어 모델의 중요성
  - ▸ 모델의 결정 과정·출력 근거 파악
  - ▸ 교육·평가·언어 정책 분야의 책임성 강화
  - ▸ 데이터 기반 언어 연구에서 신뢰성과 투명성 확보
- 미래 연구는 코퍼스 ↔ AI 모델 간 상호 검증 체계가 중심이 될 것이다.

[간단한 활동]

□ ChatGPT·DeepL 등 AI 모델에 동일 문장을 번역·요약하도록

시킨다.

□ 표현 선택·구조·어투 차이를 비교한다.

□ 어떤 요소가 'AI 모델의 특징적 패턴'인지 판단한다.

[간단한 활동 - 예시 답안]

- 특징: 과도한 정중성, 문법적 안정성, 특정 연결어 반복
- 결론: AI 모델은 자연스럽지만 '평균적 패턴'을 선호하며, 드문 표현을 잘 사용하지 않는 경향이 있다.

26) 코퍼스 기반 접근의 의의

[질문]

Q1. 코퍼스 기반 언어 연구의 가장 중요한 가치는 무엇이라고 생각하는가?

Q2. 직관 중심의 학습과 비교했을 때 코퍼스 기반 학습은 어떤 면에서 더 설득력 있는 언어 이해를 가능하게 하는가?

[질문 - 예시 답변]

코퍼스 기반 접근의 핵심 의의는 언어를 실제 사용 데이터에 근거해 설명할 수 있다는 점이다. 직관 중심 접근이 규범과 가능성에 의존했다면, 코퍼스 접근은 빈도·패턴·연어를 통해 실제 언어의 작동 방식을 실증적으로 보여 준다. 한 학기 동안 여러 코퍼스를 다뤄 보면서 '자연스러운 표현'이 단순 감각이 아니라 데이터 기반 패턴이라는 점을 이해하게 되었고, 이를 통해 영어 사용에 대한 관점이 훨씬 체계적으로 바뀌었다.

[질문 - 추가 설명]

- 코퍼스 기반 접근의 핵심 가치는 다음 세 가지로 요약된다.
  - ▸ 경험적 근거: 실제 자료 기반 설명

- ▸ 패턴 중심 관점: 연어·구문·담화 차원에서 언어를 설명
- ▸ 변이 이해: 장르·사회·매체 차이에 따른 언어의 다양성 파악

- 코퍼스는 직관의 한계를 보완하며 언어 연구·교육 전반에 '근거 기반 접근(evidence-based approach)'을 정착시키는 도구다.
- 학습자에게는 언어 감각을 정교하게 만들고, 연구자에게는 언어 자료의 객관적 해석을 가능하게 한다.

[간단한 활동]

□ 코퍼스 기반 접근의 장점 3가지를 정리한다.

□ 직관 기반 언어 판단이 부정확해질 수 있는 이유 2가지를 정리한다.

□ 두 접근이 상호 보완 관계라는 점을 자신의 언어 경험에 비추어 한 문장으로 설명한다.

[간단한 활동 - 예시 답안]

- 장점: (1) 실제 사용 근거 확보 (2) 패턴·연어 분석 가능 (3) 장르별 변이 파악 용이
- 직관 한계: 개인 경험 의존, 빈도·분포 정보 부족
- 결론: 직관은 출발점이고, 코퍼스는 이를 검증·보완하는 도구다.

27) 교육·연구·산업적 확장성

[질문]

Q1. 코퍼스 언어학이 영어교육·번역·AI 분야에서 어떤 방식으로 확장될 수 있을까?

Q2. 앞으로 영어교육 현장에서 코퍼스 기반 자료를 활용하면 어떤 변화가 가능할까?

[질문 - 예시 답변]

영어교육에서는 코퍼스 기반 교재와 학습자 코퍼스 분석을 통해 더 정교한 피드백이 가능해지고, 번역 분야에서는 병렬 코퍼스를 통해 자연스러운 번역 관행을 학습할 수 있다. 또한 AI 분야에서는 대규모 코퍼스로 언어 모델을 훈련해 번역·요약·문서 생성의 품질을 높일 수 있다. 영어교육 현장에서는 학생들이 실제 언어 데이터를 직접 분석하면서, 언어를 '패턴의 체계'로 이해하는 방식이 확산될 것이라고 생각한다.

[질문 - 추가 설명]

- 교육 분야
  - ▸ 코퍼스 기반 교재 → 자연스러운 표현, 연어 학습 강화
  - ▸ 학습자 코퍼스 → 오류 분석·맞춤형 피드백 가능
- 번역·통번역
  - ▸ 병렬 코퍼스 기반 번역 기준 정립
  - ▸ 문체·장르별 번역 패턴 제공
- AI 분야
  - ▸ 대규모 코퍼스 → 모델 학습의 핵심 자원
  - ▸ 언어 모델 평가·편향 분석에 코퍼스 활용
- 산업 전반에서 코퍼스는 데이터 기반 의사결정의 핵심 도구로 자리 잡을 것이다.

[간단한 활동]

□ 코퍼스 활용이 교육·번역·AI에서 각각 어떤 역할을 하는지 표로 정리한다.

□ 본인의 진로 관심 분야에서 코퍼스를 어떻게 활용할 수 있을지 두세 문장으로 적는다.

[간단한 활동 - 예시 답안]

- 교육: 오류 분석 → 맞춤형 지도
- 번역: 자연스러운 번역 패턴 확보
- AI: 언어 모델 학습 데이터
- 진로 활용 예: 교육 데이터 분석, AI 모델 평가 등에서 코퍼스를 사용할 수 있음.

라 주요 용어 해설

- **한정용 형용사(Attributive Adjective)**

한정용 형용사는 명사 앞에서 그 명사를 직접 수식하여 범위를 한정하거나 의미를 구체화한다. 예를 들어 *a rich man*에서 *rich*는 *man*을 수식하므로 한정용 형용사에 해당한다. 일반적으로 보어로 쓰이는 서술용 형용사(predicative adjective)와 구별된다.

- **영어 주석(Annotation)**

영어 주석은 텍스트에 품사, 통사 구조, 의미 정보 등 영어학적 정보를 부가하는 과정이다. 이 과정은 컴퓨터가 영어 자료를 정밀하게 분석·처리하도록 돕는 핵심 단계로서, 단순 표식이 아니라 구조적·의미적 패턴 탐색의 토대를 제공한다.

- **청크(Chunk)**

청크는 문장 속에서 비재귀적이며 기본적인 통사 범주 단위(명사구, 전치사구 등)로 묶이는 단어들의 연속체를 뜻한다. 절

(clause)보다 작은 단위이지만 의미적·구문적 기능을 수행하는 최소의 '의미 묶음'으로 간주된다.

- **절(Clause)**

절은 주어와 서술어를 갖춘 문장 단위이다. 시제 표지가 있으면 한정절(finite clause), 없으면 비한정절(nonfinite clause)로 구분한다. 예: *The little girl laughed*는 한정절이며, *to laugh, laughing* ...으로 시작하는 구조는 비한정절이다.

- **연쇄·군집(Cluster)**

연쇄는 텍스트에서 연속적으로 함께 나타나는 단어들의 집합으로, 렉시컬 번들(lexical bundles) 또는 '어휘 덩이'라고도 한다. 또한 통계적으로 유사한 영어적 특징을 공유하는 텍스트들의 집합을 의미하기도 한다.

- **군집 분석(Cluster Analysis)**

군집 분석은 유사한 속성을 지닌 대상들을 자동으로 그룹화하는 다변량 통계 기법이다. 텍스트 간 유사도나 차이를 기준으로 범주를 형성하며, 설정한 변수를 바탕으로 문법 범주의 분포나 장르·작가 간 영어적 차이를 탐색한다.

- **콜리게이션(Colligation)**

콜리게이션은 특정 단어가 일정한 문법적 형태나 범주와 함께 나타나는 경향을 말한다. 예를 들어 *decide*가 *to*부정사와 자주 결합하거나, 완료시제가 *for, since* 등과 함께 쓰이는 경향이 이에 해당한다.

- **연어(Collocate)**

두 단어가 통계적으로 유의미한 빈도로 함께 나타날 때 서로를 연어라고 한다. 특정 단어가 특정한 다른 단어들과 자주 동반 출현하는 관계를 가리킨다.

• 연어 관계(Collocation)

연어 관계는 특정 단어들이 일정한 패턴으로 함께 출현하는 경향을 뜻한다. 예: *waste/spend/save time*은 *time*과 강한 결합을 보인다. 연어 분석은 교수·학습, 의미·뉘앙스 파악, 담화 편향 분석 등에 유용한다.

• 컴퓨터 보조 영어 학습(Computer-Assisted Language Learning, CALL)

CALL은 컴퓨터를 활용해 영어 교육을 수행하거나 학습을 지원하는 접근이다. 단순한 도구 사용을 넘어 상호작용과 입력·출력 과정의 피드백을 기술적으로 지원하여 학습 효과를 높이는 통합적 교수·학습 체제를 지향한다.

• 콘코던스(Concordance)

콘코던스는 특정 단어나 구가 말뭉치에서 나타나는 모든 위치와 주변 문맥을 KWIC 형식 등으로 제시하는 용례 목록이다. 학습자와 연구자가 의미·문법·담화 기능을 직관적으로 탐색하도록 돕는다.

• 코퍼스/말뭉치(Corpus)

코퍼스는 실제 영어 사용을 대표하도록 선정된 자연 발생적 텍스트의 집합으로, 전자 형태로 저장되어 컴퓨터로 검색·분석할 수 있게 구성된다. 특정 영어 또는 변종을 대표하도록 표집된 유한한 전자 텍스트 집합으로, 문법·어휘·담화 분석의 실증적 기반이 된다.

- **코퍼스 주도 접근법(Corpus-Driven Approach)**

사전 가설을 최소화하고 실제 사용 자료를 우선 분석하여 그 결과로부터 이론을 도출하는 귀납적 방법론이다. 자료가 보여주는 패턴과 규칙을 중심으로 영어를 설명한다.

- **코퍼스 영어학(Corpus Linguistics)**

코퍼스 영어학은 실제 사용 자료를 바탕으로 영어의 구조와 기능을 탐구하는 경험적 접근이다. 대규모 말뭉치를 전산 분석하여 사용 패턴과 규칙을 실증적으로 밝히며, 문법·어휘·담화·의미 등과 긴밀히 연계된다.

- **어휘 포괄성(Coverage)**

어휘학에서 포괄성은 사전이나 어휘집이 목표 영어 단어를 얼마나 폭넓게 포함하는지를 나타낸다. 영어의 어휘 체계가 사실상 무한하므로 빈도, 사회적 중요성, 대표성 등을 고려해 균형을 추구한다.

- **파생(Derivation)**

형태론에서 파생은 어근에 결합형 접사를 첨가하여 새로운 단어를 형성하는 과정이다(예: *happy* → *happiness*). 형식 영어학에서는 문법 규칙을 적용해 문자열을 다른 문자열로 변환하는 과정을 가리키기도 한다.

- **한정사(Determiner)**

한정사는 명사구의 맨 앞에서 지시·수량·소유 등을 한정하여 명사의 의미를 구체화하고 정보 구조를 명확히 하는 문법 요소이다(예: *the, a, my, each*).

- **대화 코퍼스(Dialogue Corpus)**

  여러 실제 대화를 수집해 구성한 자료집으로, 말차례, 화행, 억양 등 상호작용의 특성을 분석하는 데 활용된다. 영어학·AI·음성인식·영어교육 등에서 중요하게 쓰인다.

- **분포(Distribution)**

  특정 단어·구가 다양한 텍스트 유형이나 담화 상황에서 어떻게, 얼마나 자주 사용되는지에 관한 개념이다. 예를 들어, *hypothesis*는 학술 텍스트에서, *goal*은 스포츠 담화에서 상대적으로 많이 나타난다.

- **영역(Domain)**

  영어·대화·담화가 특정 주제나 기능을 중심으로 전개되는 구별 가능한 범주를 뜻한다. 예를 들어, *renal*은 의학 영역과 연관되며, *treat, cure, patient* 등도 해당 영역에서 특화되어 사용된다. '여행', '교통', '예약' 등 대화 유형 구분에도 적용된다.

- **능격동사(Ergative Verb)**

  능격동사는 타동사와 자동사로 모두 쓰일 수 있는 동사이다. 예를 들어, *She opened the door.*(타동사) / *The door opened.*(자동사) 타동사 구문의 목적어가 자동사 구문에서 주어로 대응하는 구조가 관찰된다.

- **문법어/기능어(Grammatical Word)**

  문법어는 의미 정보보다 문법적 기능을 담당하는 닫힌 범주 어휘로, 대명사·한정사·전치사·접속사 등이 해당한다. 문장 구조를 조직하고 의미 관계를 연결한다.

• **하팍스(Hapax)**

특정 말뭉치에서 한 번만 등장하는 단어를 의미한다. 어휘 다양성이나 분포 분석의 지표가 되며, 빈도 기반 분석에서는 노이즈로 작용할 수 있다.

• **관용구 원리(Idiom Principle)**

John Sinclair가 제안한 이론으로, 영어의 의미가 개별 단어보다 구(phrase) 단위에서 결정되는 경우가 많다는 원리이다. 예를 들어, *kick the bucket*은 각 단어의 의미 합이 아니라 어구 전체의 의미로 이해된다.

• **'ing'절(ing Clause)**

동사의 'ing' 형태로 시작하는 절로, 문장에서 주어·목적어·보어 등 다양한 문법 기능을 수행한다. 예를 들면, *She liked riding her bicycle quickly over the fields.*

• **대응 대역 텍스트(Intercalated Text)**

원문과 번역문을 한 줄씩 나란히 배치해 각 행을 직접 대응시키는 텍스트 형식이다. 번역 교육, 대조 영어학, 병렬 코퍼스 구축 등에 활용된다.

• **렘마(Lemma)**

하나의 단어가 지니는 모든 활용형을 포괄하는 기본형 또는 표준형을 말한다. 예를 들면, *go, goes, going, went*는 렘마 *GO*에 속한다.

• **표제어화(Lemmatization)**

굴절형을 해당 단어의 기본형으로 묶거나 굴절형에서 원형을 추출하는 과정이다. 빈도·형태 변화 비교를 정밀화하는 필수

전처리 단계이다.

• 어휘문법(Lexical Grammar)

어휘와 문법의 관계를 통합적으로 탐구하여, 각 어휘가 실제 사용에서 보이는 전형적 문법 환경과 패턴을 분석한다. *decide to + V, afraid of + N* 등은 의미 기능을 드러내는 대표적 패턴이다.

• 내용어/어휘어(Lexical Word)

실질적 의미를 지니는 개방 범주 어휘로 명사·동사·형용사·부사가 해당한다. 문장에서 중심 의미를 형성한다.

• 연결동사(Link Verb)

주어와 보어를 연결해 상태·성질을 설명하는 동사이다. 대표적으로 *be, become, seem* 등이 있으며, 행위보다 속성 기술에 초점이 있다.

• 모니터 코퍼스(Monitor Corpus)

시간 경과에 따라 자료가 지속적으로 추가되는 확장형 코퍼스이다. 영어 변화의 종단적 추적에 적합하며, *Bank of English* 등이 예시이다.

• 단일영어 코퍼스(Monolingual Corpus)

하나의 동일 영어로만 구성된 코퍼스로, 특정 영어의 문법·어휘·의미 사용 양상을 심층 탐구하는 데 적합하다.

• 모프(Morph)

형태소가 실제 단어에서 실현된 구체적 형태이다. 예를 들어, *cats*의 복수 표지 *s*는 복수 형태소의 모프이다.

• 형태소(Morpheme)

의미를 지닐 수 있는 가장 작은 영어 단위이다. 예를 들어, *un + happy + ness*의 결합은 세 형태소로 구성된다.

• 다중양식 코퍼스(Multimodal Corpus)

텍스트·이미지·음성·영상 등 다양한 양식을 통합한 자료집으로, 영어를 시각·청각 맥락과 함께 해석하는 데 초점을 둔다. 표정·억양·제스처 등 비영어 정보까지 분석한다.

• 노드 워드(Node Word)

검색·분석의 중심이 되는 단어이다. 예를 들어, *time*을 중심으로 한 연어 분석에서 *time*이 노드 워드이다.

• 엔그램(Ngram)

연속된 n개의 영어 단위(토큰, 단어, 음절 등)로 이루어진 문자열이다. 예를 들어, *I love linguistics.*에서 2-gram은 *I love*, *love linguistics*, 3-gram은 *I love linguistics*이다.

• 패턴 문법(Pattern Grammar)

특정 어휘가 실제 사용에서 반복적으로 나타내는 문법적 패턴을 경험적으로 기술하는 이론이다. 어휘와 문법의 긴밀한 결합을 전제로 한다.

• 병렬 코퍼스(Parallel Corpora)

동일한 내용을 서로 다른 영어로 번역하여 짝지은 코퍼스이다. 두 영어 간 의미·구문·어휘 대응 관계 비교, 번역 연구, 기계번역 학습 등에 활용된다.

• **품사(Part of Speech)**

단어의 문법적 기능에 따른 기본 범주이다(예: 명사, 동사, 형용사, 전치사). 결합 관계와 문장 내 역할을 결정한다.

• **품사 표지/태그(Part of Speech Tag)**

각 단어의 품사 범주를 나타내는 라벨이다(예: *NN* = 명사, *VB* = 동사, *JJ* = 형용사). 자동 분석에서 구조 식별의 핵심 표식이다.

• **품사 태깅기(Part of Speech Tagger)**

텍스트 내 단어에 적절한 품사 표지를 자동 부여하는 프로그램이다. 통계 모델과 기계학습을 활용해 문맥에서 문법적 역할을 식별한다.

• **품사 태깅(Part of Speech Tagging)**

말뭉치의 각 단어에 품사 정보를 자동 부여하는 전처리 과정이다. 코퍼스 영어학과 자연어 처리에서 필수 절차로 간주된다.

• **구(Phrase)**

둘 이상의 단어가 모여 하나의 의미 단위로 작용하는 구조이다. 예를 들어, *a beautiful flower*(명사구), *in the morning*(전치사구).

• **정규 표현식(Regular Expression)**

특정 문자열 집합(정규영어)이나 문자열 쌍의 집합(정규관계)을 기술하는 형식적 표현 체계이다. 모든 정규 표현식은 유한 상태자동자(finite-state automaton)로 구현 가능하며, 연결·합집합·교집합·여집합·반복·합성 등의 연산을 통해 패턴 탐색과 분석에 사용된다.

• **표집(Sampling)**

전체 자료집합에서 대표성을 확보하도록 텍스트나 발화를 선정해 코퍼스에 포함하는 과정이다. 장르, 지역, 시기, 화자 특성 등 변인을 고려해 균형 있게 구성해야 한다.

• **제2언어 습득(Second Language Acquisition)**

모국어 이외의 언어를 무의식적·자연적 처리 과정을 통해 내면화하는 과정을 말한다. 학습자의 인지 체계 속에서 영어 지식이 점진적으로 형성된다.

• **제2영어 학습(Second Language Learning)**

목표 영어가 실제로 사용되는 환경(해당 영어가 모국어인 국가)에서의 학습을 뜻한다. 교실 교육 외에도 일상적 상호작용을 통한 학습이 활발히 일어난다. 이는 목표 영어가 사용되지 않는 환경에서의 외국어 학습과 구분된다.

• **의미 통운/의미 운율(Semantic Prosody)**

특정 단어가 긍정·부정 의미를 지닌 다른 단어들과 반복 결합함으로써 그 단어 자체가 유사한 정서적 함의를 띠게 되는 현상이다. 예를 들어, *cause*는 *problem, damage, trouble*과 자주 결합하여 부정적 경향을 보인다.

• **스팬(Span)**

노드 워드를 중심으로 좌우 일정 범위에 포함된 단어들의 영역이다. 예를 들어, ±5 스팬은 노드 워드 좌우 다섯 단어까지의 구간을 의미한다.

• **구어 코퍼스(Spoken Corpus)**

자연 발생적 구어 자료를 수집한 코퍼스로, 일반적으로 철자 전사 형태로 저장되며 필요에 따라 음운 전사나 운율 정보가 포함된다.

• **자연 발화(Spontaneous Speech)**

사전 준비 없이 즉각적 상황에서 산출되는 말하기를 뜻한다. 일상 대화·전화 통화 등에서 나타나며, 반복·머뭇거림 등 계획되지 않은 특징을 보이지만 실제 사용 양상을 잘 반영한다.

• **t점수(t score)**

실제 빈도와 기대 빈도를 비교해 두 단어 결합의 통계적 유의성을 판단하는 지표이다. 값이 높을수록 연어로 함께 출현할 가능성이 크다.

• **태그/표지(Tag)**

단어나 구에 부착되어 문법 범주나 형태소적 특성, 때로는 의미 정보를 표시하는 라벨이다. 예를 들어, *run_VB*에서 *VB*는 동사임을 나타낸다.

• **태그 집합/표지 체계(Tag Set)**

텍스트를 표지화할 때 사용하는 모든 라벨의 체계적 목록이다. 사전·데이터베이스 구조화에서 XML 등으로 기술된 체계를 가리키기도 한다.

• **태깅(Tagging)**

텍스트의 단어나 표현에 품사·의미·통사 기능 등 속성을 나타내는 표지를 부착하는 과정이다. 자동화 또는 수작업으로 수행되며 전산 분석의 기본 단계이다.

- **that절(That clause)**

보통 *that*으로 시작하는 한정절로서 문장에서 명사절 기능을 수행한다. 예를 들어, *I thought that he was tired., He said that he was tired.*

- **to부정사절(To-infinitive Clause)**

*to + 동사원형*으로 시작하는 비한정절이다. 예를 들어, *She told them to go.*에서 *to go*는 목적어 역할을 한다. 의도·목적·명령 등의 의미 전달에 자주 사용된다.

- **토큰(Token)**

텍스트 내의 총 어절 수를 의미한다. 예를 들어, *I love linguistics.*는 세 개의 토큰으로 이루어진다.

- **토큰화(Tokenization)**

텍스트를 단어, 구두점, 숫자, 기호 등 개별 어절 단위로 분절하는 전처리 과정이다. 이후 형태소 분석이나 품사 태깅의 기초가 된다.

- **토크나이저/어절 분석기(Tokenizer)**

텍스트를 토큰 단위로 분절해 경계를 식별하는 소프트웨어이다. 정확한 토큰화는 구조적 일관성을 높이고 빈도 분석·영어 모델링의 신뢰도를 제고한다.

- **유형/어형 단위(Type)**

텍스트에서 서로 다른 단어의 개수를 뜻한다. 동일 단어가 여러 번 나타나도 한 번만 계산한다. 예를 들어, *Language is language.*에서 *Language, is*는 각각 하나의 타입이며 전체 타입 수는 2이다.

- **유형토큰 비율(Type-Token Ratio, TTR)**

서로 다른 단어 수(type)를 전체 단어 수(token)로 나눈 값으로, 어휘 다양성을 측정한다. 텍스트가 길어질수록 TTR은 자연 감소하므로 비교 시 길이 보정이 필요하다.

- **의미 단위(Unit of Meaning)**

Sinclair(1991)의 관점에서 하나의 의미를 지닌 구로서, 텍스트를 구성하는 실제적 의미의 최소 단위이다. 예를 들어, *take care of*는 전체가 '돌보다'라는 단일 의미를 형성하므로 하나의 의미 단위로 간주된다.

- **발화/발화 단위(Utterance)**

구어에서 화자가 실제로 말한 단위를 가리킨다. 구조적으로는 문장·구문 단위에 대응할 수 있으나, 기능적으로는 질문, 응답, 요청 등 담화 행위로 분석된다. 결합 가능성이나 선택 제약은 가변성(valence) 또는 하위분류(subcategorization)로 설명한다.

- **단어 범주/품사류(Word Class)**

문법적 기능과 형태적 특성이 유사한 단어들의 집합이다. 예를 들어, *dog, attitude, brother*는 모두 명사 범주에 속하며 유사한 통사적 역할을 수행한다.

- **워드리스트(Word List)**

말뭉치나 텍스트에 등장하는 모든 단어를 체계적으로 나열한 목록으로, 각 단어의 빈도를 함께 제시하는 경우가 많다. 알파벳순 또는 빈도순으로 배열되며, 예를 들어 *house*가 명사로 99%, 동사로 1% 사용된다는 확률 정보까지 포함되기도 한다. 워드리스트는 키워드(keyword) 산출, 렘마화, 품사 태깅, 의미 주석 등과 연계되어 활용된다.

마 참고문헌

- Adolphs, S. (2008). *Corpus and Context: Investigating Pragmatic Functions in Spoken Discourse.*
- Aijmer, K. (2002). *English Discourse Particles Evidence from a Corpus.*
- Aijmer, K., & Stenstrom, A. (2004). *Discourse Patterns in Spoken and Written Corpora.*
- Anthony, L. (2014). *AntWordProfiler User Guide.*
- Anthony, L. (2019). *AntConc User Guide.*
- Aston, G. (2001). *Learning with Corpora: An Overview.*
- Baker, M. (1993). *Corpus-Based Translation Studies: The Challenges that Lie Ahead.*
- Baker, P. (2005). *Public Discourses of Gay Men.*
- Baker, P. (2006). *Using Corpora in Discourse Analysis.*
- Baker, P. (2009). *Contemporary Corpus Linguistics.*
- Baker, P. (2010). *Sociolinguistics and Corpus Linguistics.*
- Bednarek, M. (2008). *Emotion Talk Across Corpora.*
- Beeby, A. (2009). *Corpus Use and Translating.*
- Biber, D. (2006). *University Language.*
- Biber, D., Conrad, S., & Reppen, R. (1998). *Corpus Linguistics: Investigating Language Structure and Use.*
- Biber, D., Johnsson, S., & Reppen, R. (1998). *Corpus Linguistics.*
- Biber, D., Johansson, S., Leech, G., Conrad, S., & Finegan, E. (1999). *Longman Grammar of Spoken and Written English.*
- Boulton, A. (2012). *Corpus-informed Research and Learning*

in ESP: Issues and Applications.

- Coxhead, A. (2000). *A New Academic Wordlist.*
- Deignan, A. (2005). *Metaphor and Corpus Linguistics.*
- Díaz-Negrillo, A., & Díaz-Pérez, F. (2014). *Specialisation and Variation in Language Corpora.*
- Facchinetti (2007). *Corpus Linguistics 25 Years on.*
- Flowerdew, L. (2008). *Corpus-based Analyses of the Problem–Solution Pattern.*
- Flowerdew, L. (2015). *Corpora and Academic English: From Basics to Applied Research.*
- Gavioli, L. (2005). *Exploring Corpora for ESP Learning.*
- Gerbig, A. (2010). *Language, People, Numbers: Corpus Linguistics and Society.*
- Gilquin, G. (2008). *Linking up Contrastive and Learner Corpus Research.*
- Gilquin, G. (2013). *Errors and Disfluencies in Spoken Corpora.*
- Gilquin, G., & Cock, S. (2013). *Errors and Disfluencies in Spoken Corpora.*
- Gilquin, G., Papp, S., & Díez-Bedmar, M. (2008). *Linking up Contrastive and Learner Corpus Research.*
- Granger, S. (1998). *Learner English on Computer.*
- Gries, S. (2002). *Multifactorial Analysis in Corpus Linguistics.*
- Halliday, M. A. K. (2004). *Lexicology and Corpus Linguistics.*
- Halliday, M. A. K., Teubert, W., Yallop, C., & Cermáková, A. (2004). *Lexicology and Corpus Linguistics: An Introduction.*
- Hoffmann, S. (2005). *Grammaticalization and English*

Complex Prepositions.

- Hunston, S. (2002). *Corpora in Applied Linguistics.*
- Hunston, S. (2011). *Corpus Approaches to Evaluation: Phraseology and Evaluative Language.*
- Hyland, K. & Tse, P. (2007). *Is There an Academic Vocabulary?*
- Hyland, K. (2006). *English for Specific Purposes.*
- Hyland, K. (2009). *Academic Discourse: English in a Global Context.*
- Johns, T. (1991). *From Printout to Handout: Grammar and Vocabulary Teaching in the Context of Data-driven Learning.*
- Johansson, S. (2007). *Seeing Through Multilingual Corpora.*
- Kawaguchi, Y. (2006). *Spoken Language Corpus and Linguistic Informatics.*
- Kawaguchi, Y., Zaima, S., & Takagaki, T. (2006). *Spoken Language Corpus and Linguistic Informatics*
- Kennedy, G. (1998). *An Introduction to Corpus Linguistics.*
- Laufer, B., & Nation, P. (1999). *A Vocabulary Size Test of Controlled Productive Ability.*
- Laviosa, S. (2002). *Corpus-Based Translation Studies: Theory, Findings, Applications.*
- Leech, G. (1991). *Corpora and Theories of Linguistic Performance.*
- Leech, G. (1997). *Corpus Annotation.*
- Leech, G., Hundt, M., Mair, C., & Smith, N. (2009). *The Changing Face of Corpus Linguistics.*
- Lüdeling, A., & Kytö, M. (2008). *Corpus Linguistics: An International Handbook, Vol. 1.*
- Mahlberg, M. (2005). *English General Nouns.*

- Mautner, G. (2009). *Corpora and Critical Discourse Analysis. In The Routledge Handbook of Corpus Linguistics.*
- McEnery, T., & Hardie, A. (2012). *Corpus Linguistics: Method, Theory and Practice.*
- McEnery, T., & Wilson, A. (2001). *Corpus Linguistics: An Introduction.*
- Meyer, C. (2004). *English Corpus Linguistics An Introduction.*
- Murphy, B. (2010). *Corpus and Sociolinguistics: Investigating Age and Gender in Female Talk.*
- Nation, P. (2001). *Learning Vocabulary in Another Language.*
- Nesselhauf, N. (2005). *Collocations in a Learner Corpus.*
- Newman, J., Baayen, H., & Rice, S. (2011). *Corpus-Based Studies in Language Use Language Learning and Language Documentation.*
- O'Keeffe, A., McCarthy, M., & Carter, R. (2007). *From Corpus to Classroom: Language Use and Language Teaching.*
- Partington, A. (2003). *Patterns and Meanings: Using Corpora for English Language Research and Teaching.*
- Quaglio, P. (2009). *Television Dialogue: The Sitcom Friends vs. Natural Conversation.*
- Raso, T. (2014). *Spoken Corpora and Linguistic Studies.*
- Raso, T., & Mello, H. (2014). *Spoken Corpora and Linguistic Studies.*
- Renouf, A. (2009). *Corpus Linguistics: Refinements and Reassessments.*
- Renouf, A., & Kehoe, a. (2006). *The Changing Face of Corpus Linguistics.*

- Römer, U. (2005). *Progressives Patterns Pedagogy.*
- Schmidt, T. (2012). *Multilingual Corpora and Multilingual Corpus Analysis.*
- Scott, M. (2006). *Textual Patterns: Key Words and Corpus Analysis in Language Education.*
- Sinclair, J. (1991). *Corpus, Concordance, Collocation.*
- Sinclair, J. (2004). *How to Use Corpora in Language Teaching.*
- Sinclair, J. (2006). *Linear Unit Grammar: Integrating Speech and Writing.*
- Sinclair, J., & Mauranen, A.(2006). *Linear Unit Grammar.*
- Schmidt, T., & Wörner, K. (2012). *Multilingual Corpora and Multilingual Corpus Aanalysis.*
- Szmrecsanyi, B. (2006). *Morphosyntactic Persistence in Spoken English.*
- Stubbs, M. (1996). *Text and Corpus Analysis: Computer-Assisted Studies of Language and Culture.*
- Studer, P. (2008). *Historical Corpus Stylistics.*
- Tognini-Bonelli, E. (2001). *Corpus Linguistics at Work.*
- Tribble, C., & Jones, G. (1997). *Concordances in the Classroom: A Resource Guide for Teachers.*
- Wiegand, H. (2008). *Corpus Linguistics Volume 1.*
- Zanettin, F. (2000). *Corpora in Translation Education.*

쉽게 배우는 코퍼스 영어학

펴 낸 곳 인천대학교 출판부
펴 낸 이 이인재
저 자 정채관

발행일자 2026년 1월 9일

출판등록 제2009-000010호(2006년 2월 9일)
출판부장 윤 영 돈
주 소 22012 인천광역시 연수구 아카데미로 119(송도동)
학산도서관(중앙관) 1층 103호
전 화 (032) 835-9420
팩 스 (032) 835-0730
인 쇄 처 네오프린텍(주)

I S B N 979-11-89007-37-9
정 가 19,000원

* 잘못된 책은 교환해 드립니다.